金教鞭

民间游戏

走进幼儿园课程的实践探索

◎主编　郑智梅　潘晓云

海峡出版发行集团 THE STRAITS PUBLISHING & DISTRIBUTING GROUP | 福建人民出版社 FUJIAN PEOPLE'S PUBLISHING HOUSE

本书编写组

顾　　问：吴振东

主　　编：郑智梅　潘晓云

副 主 编：章丽琴　郑瑞春

编写人员：郑智梅　潘晓云　章丽琴　郑瑞春　官绮凡

林惠婷　林丽琼　陈巧玲　黄梅珠　吕雅凤

梁宇翔　颜小燕　郑巧玲　方雅雯　林丽凤

李秋萍　颜甜甜　陈少华　许亚恋　苏晓兰

郑金珠　李雅琴　林志卿　孙锽保　谢清珍

林翠花　姚翠珍　谢亚妮　姚丽娇

序言一

非常高兴收到永春县世哲幼儿园寄来的《民间游戏走进幼儿园课程的实践探索》这本书稿。该园是我校的教育实践基地，也是我校在创新具有自身特色的“校—地—园”协同育人的学前教育专业人才培养模式中的“园方代表”。该书稿的顺利完成，得力于永春县世哲幼儿园园长、教师长期的实践研究，以及我校吴振东教授的悉心指导。可以这样说，呈现在大家面前的这本书是“校—园”深度合作的象征。

全书内容包括民间游戏与幼儿园课程概述、三个年龄段民间游戏活动组织与指导纪录、常见民间游戏玩法与玩具制作等内容。通读书稿，本人认为该书具有以下三个特点。

一是该书较好地诠释了课程文化性的深刻内涵。教育是一种有目的、培养人的社会实践活动，传承优秀传统文化是教育应担负的历史使命，而课程作为学校教育的主要载体，在课程内容的选择上理应将优秀文化纳入其中，并通过课程活动进行有效的传递。在纷繁复杂的幼教课改浪潮下，世哲幼儿园多年来能够坚持将民间游戏引进幼儿园课程，进行比较持续而深入的研究，并取得了较好的研究成果和一定的社会影响，彰显出该园在幼儿园课程建设过程中能够比较准确地理解幼儿园课程的特质、正确地把握课程建设的基本方向。

二是该书较好地说明了在幼儿园课程建设过程中加强园本研究

的重要性。幼儿园教师在课程建设与实施过程中，必须对活动中的幼儿进行专业的观察、记录与分析，通过分析去了解与读懂幼儿，并在此基础上采取相应的教育策略，以使所开展的课程活动更贴近幼儿的兴趣与认知特点，使得所实施的课程活动更有效地促进幼儿身心健康发展。因而，可以这样说，世哲幼儿园在园本研究工作中所取得的成果，不仅只是呈现在大家面前的这本书，更为重要的是，该园通过课题研究提升了教师的课程素养，锤炼了教师的专业能力，培养了一支善保教的教师队伍。幼儿园办园质量的关键在于教师，拥有一支专业化的教师是一所幼儿园持续发展的重要保证。

三是该书的内容体系具有较强的可推广与复制性。总览全书内容架构，不难看出该书在目录编排上逻辑清晰，且具有很强的可复制性。该书第一章主要回答了“什么是民间游戏?”“为什么要开展民间游戏活动?”“怎样开展民间游戏活动?”这三个基本问题。第二、三、四章所呈现的内容，则说明了幼儿园对民间游戏的探索不是停留在简单的认识层面，而是扎扎实实地付诸了行动，即幼儿园在民间游戏课程探索中具体做了些什么、有什么成效。第五章则是将在课题研究过程中所收集的资料进行系统汇总与整理，以资料库形式加以呈现，可以供他人学习借鉴。

据了解，永春世哲幼儿园的教师朝气蓬勃、虚心求教、勇于进取，珍惜每一次和专家面对面互动的机会，研究过程是艰辛的，但收获是丰硕的。《民间游戏走进幼儿园课程的实践探索》一书，既凝聚了世哲幼儿园全体教师的心血，又体现与见证了教师的成长。相信永春县世哲幼儿园能以“民间游戏课程的构建与研究”为抓手，在“研究立园”道路上再接再厉，争取更大的进步。

泉州幼儿师范高等专科学校校长、教授　刘文开

2018年11月于泉州

序言二

教育靠积累，从理论指导实践到实践提升为理论，是一个质变的过程。永春县世哲幼儿园的园长、教师经过长期的实践，不断探索、总结，编写了《民间游戏走进幼儿园课程的实践探索》一书。她们这种执着勤奋、努力奉献、团队协作的精神深深地鼓舞和激励我这个从不题字、作序的人打破常规，欣然操笔作序。

民间游戏具有文化性、传承性、趣味性、随意性的特点，将其引入幼儿园课程，一是可以激发幼儿的好奇心、求知欲，激发幼儿的灵感；二是可以从小培养幼儿的团队协作精神；三是可以潜移默化地传承中华优秀传统文化。民间游戏融入幼儿园课程，寓教于乐，可以让幼儿在创造性的玩耍中健康成长。

教育是事业，其意义在于献身；教育是科学，其价值在于求真；教育是艺术，其生命在于创新。通过本书的出版，期盼能有更多的教师潜心投入教学教研教改中，做一个乐于学习、勤于思考、敏于实践、勇于创新、善于总结的新时代教育工作者，让“三尺讲台”成为实现人生价值的舞台，为打造“学在永春”的区域教育品牌、把教育办成永春人民的骄傲而努力。

永春县人民政府副县长　颜一鹏

2018年12月

目录

第一章 民间游戏与幼儿园课程概述

第一节 民间游戏概述

一、民间游戏的定义与特点

游戏，古时一般称“戏”“游嬉”，亦见“嬉”或“游”之名。民间游戏，俗称“玩耍”，是广大民众生活中的嬉戏娱乐活动。民间游戏一般具有以下四个特点。

（一）文化性

民间游戏作为民间文化中的一个组成部分，源远流长。不同地域、民族在继承发展民间游戏时，进行了民族文化的浸润，因而不同的民族又有各自的民间游戏。如融入闽南童谣《海龙王卜娶某》的“抬轿子”游戏反映了闽南地区的婚俗民风。

（二）传承性

中国几千年的历史文化创造了丰富多彩的民间游戏，这些游戏的继承和发展往往是在生活中通过长辈传授给晚辈、哥哥姐姐自发地传授给弟弟妹妹这样世代相传，广泛流传，经久不衰。如“滚铁环”“传话毙人”“过关”等游戏，它们靠的就是民间自然传承。这种传承的自身力量是惊人的、强大的。

（三）趣味性

民间游戏之所以得以流传下来，很重要的一个原因是它具有浓厚的趣味性，符合幼儿的年龄特征，顺应幼儿的天性。没有趣味性的游戏，幼儿不会感兴趣，更不会集中注意力去玩。民间游戏的内容一般较生动具体，形式也非常活泼、轻松，许多游戏还配有节奏明快、朗朗上口的儿歌。幼儿在游戏中边玩边吟唱，情绪较为愉快，始终处于欢乐之中。游戏的趣味性往往反映在游戏的内容、形式及过程中。例如，幼儿玩“丢手绢”的时候很兴奋，热情高涨，都希望自己悄悄地将手绢放到同伴的身后，但又生怕自己被抓到。民间游戏始终给人一种回味无穷的感觉。

（四）简易性

民间游戏所使用的材料简便、廉价，一般来自日常生活，多为自然材料及半成品，几颗石子、几个小沙包即可玩“抓籽”的游戏。由于这些材料没有固定的形式，不表现某一具体的物品，幼儿在游戏中可以根据自己的兴趣和想象，随意将材料进行加工和改造。民间游戏也可用替代物，如游戏“击鼓传花”，幼儿根据自己的想象将“传花”改为“传书”，鼓声停止后，图书传到谁的手里，就由谁给大家讲故事。

（五）便捷性

民间游戏活动的开展具有易操作、易实施的便捷性。民间游戏的开展灵活性很大，较少受时间、空间、场地、人数、形式的限制。不管是室内还是室外，无论是在寒冷的冬天还是在炎热的夏天，民间游戏都能开展。甚至在许多零散的时间，如幼儿来园、离园、饭前、饭后这些时间里，民间游戏都可以穿插开展，使幼儿的一日生活始终充满欢声笑语。民间游戏的组织形式也较随意，可以是一个幼儿单独玩，也可以多个幼儿一起玩。如民间游戏“翻花绳”，幼儿可以独自双手玩，或缠或绕，或穿或挑，最后经过一个脱胎换骨般的关键性翻转，把缠绕于双手的线绳在手指间绷出花样来，造型于空中；双人玩则需要搭档紧密配合，你挑一回，我挑一回，几个回合下来，完成一个比较复杂的造型。如果两个人配合不到位，就可能在换手间变成一团乱绳，游戏就会被迫终止。

二、民间游戏的类型与玩法

不同的研究者在研究民间游戏分类时往往根据各自的特殊需要，采用不同的分类标准，各有其自身的合理性。钟敬文将民间游戏按性质分为三种：智能游戏、体能游戏、智能与体能结合的游戏。郭泮溪在《民间游戏与竞技》一书中，根据游戏的性质与方式等将民间游戏分成了九种，包括幼儿游戏、技艺游戏、歌舞表演游戏、斗赛游戏、助兴游戏、季节游戏、智力游戏、技能游戏、驯化游戏。丁亚红主编的《民间游戏走进幼儿园》一书中，根据游戏的开展形式将其分为运动对抗类、物品对抗类、游戏对抗类、脑力对抗类、娱乐休闲类、经典玩具类。

本书则根据民间游戏的性质及教育功能的不同，将所收集并筛选出来的能体现本土文化、贴近幼儿现实生活的民间游戏，划分为传统玩具类、娱乐徒手类、经典童谣类、趣味竞技类。

（一）传统玩具类

在诸多的民间游戏中，有些游戏幼儿需要借助材料与辅助道具才能进行，这些游戏可以归入传统玩具类民间游戏。如“翻花绳”“拍纸壳”“扔沙包”“抓籽”“挑小棒”“丢手绢”等。

开展这些民间游戏需借助各种材质的绳子、广告纸折成的软包、布缝的软沙包、粗细长短不一的小棒、手绢、石子等材料才能进行游戏。如在“翻花绳”游戏中幼儿要借助不同材质的绳子，通过想象，单人或双人配合用手指通过撑、压、挑、翻、勾等动作，翻变出飞机、降落伞、小船、小火山等不同的造型。游戏中幼儿的手指灵活性得到训练，精细化动作得到发展，同伴间的合作能力、交往能力得到提高，同时也锻炼了耐性和勇于克服困难的优良品质。如“挑小棒”游戏，幼儿将自己所收集的树枝、吸管、牙签、签香棒（祭祀用的签香燃尽后遗留的小棒）、冰棒棍、稻草秆、烧烤棒等作为游戏所用的材料，对弈的两人通过仔细观察、判断，控制手指、手腕，挑走属于自己的小棒而决定输赢。

（二）娱乐徒手类

娱乐徒手类民间游戏，指的是随时随地可玩，不受场地限制，不需要任何材料，娱乐性比较强的游戏。如“老鹰捉小鸡”“叠高楼”“传话毙人”“挤油”“摸鼻”等。

“老鹰捉小鸡”这个家喻户晓的娱乐性游戏，小班幼儿尤其喜欢，他们很容易投入到游戏情境和自己所扮演的角色中去，将游戏中的“老鹰”真实化。游戏中他们不喜欢被抓，为了不被“老鹰”抓走，他们会积极地四散躲闪，躲避“老鹰”的抓捕，在玩耍过程中快速躲闪能力、敏捷性、平衡性和腿部肌肉的大动作得到很好的发展。

对于像“摸鼻”这种娱乐性游戏，自由度更强，一日环节中任何小憩时刻都可以玩，不受场地的限制。幼儿只要邀一同伴面对面或站立或坐着，先用“剪刀石头布”决出先拍的人，拍人者边轻拍同伴手心并同时说出身上任一部位的名称，被拍者要迅速摸相应的身体部位。被拍者做对了为胜，交换角色；被拍者做错了为输，不交换角色。游戏反复进行，可以锻炼幼儿反应的灵敏性。

（三）经典童谣类

经典童谣类民间游戏，是指在玩耍时主要通过节奏明快、朗朗上口的童谣说唱，并伴随一些基本的动作或扮演不同的角色来完成的游戏。如“抬轿子”融入闽南童谣《海龙王卜娶某》、“三人套圈”融入闽南童谣《翻人仔》、“拉大锯”融入闽南童谣《偎米》、“炒黄豆”融入闽南童谣《炒豆仔》等。

童谣的融入不仅能消除游戏本身的枯燥单一，还能在边唱边玩中感受童谣的诙谐风趣，体验游戏的无限乐趣，推动幼儿对童谣、地方文化的了解、传承。“抬轿子”游戏中，幼儿通过扮演新娘、新郎、轿夫等角色进行游戏，抬轿过程中配上朗朗上口的闽南童谣“天黑黑，卜落雨，海龙王，卜娶某……”为游戏增添乐趣，幼儿边念边玩，更开心、更有趣，进一步激发他们的游戏愿望。

（四）趣味竞技类

充满挑战和竞争、能充分提高幼儿协商合作能力的民间游戏，我们称之为趣味竞技类民间游戏。如“拍纸壳”“跳房子”“过关”“占四角”“猜拳跨步”“救人”等。此类游戏带有竞技性，可以让幼儿在游戏过程中体会到失败与成功，经历挫折与产生成就感。

如在玩“猜拳跨步”游戏时，幼儿在赢的时候会体会到成功的喜悦，充满自豪感；在输的时候也会感受到失败的滋味，产生挫折感。但幼儿会越挫越勇，认真找出自己的不足，继续向对手挑战。在这个过程中，幼儿的自我控制与受挫能力增强了，积极情感得到了培养。

第二节　民间游戏走进课程的意义

一、对幼儿身心发展的意义

（一）促进幼儿动作的发展

民间游戏活动，如“过木墩”“骑竹马”“跳竹竿”“放风筝”“投沙包”“揪尾巴”等活动，能很好地促进幼儿走、跑、跳、钻爬、平衡等大肌肉动作的发展。例如，“追逐跑”是在规定的场地内四散追逐躲闪跑的一种民间游戏，在玩游戏过程中，幼儿眼要明，耳要尖，奔跑要及时，躲闪要灵敏。躲闪者要尽量躲开追逐者，不被追逐者抓到，而追逐者则要想方设法在短时间内捕捉到躲闪者。就在抓与被抓的过程中，不知不觉锻炼了幼儿的躲闪能力，促进幼儿反应能力的提升，对幼儿大肌肉动作和身体的全面发展都起到了积极的作用。

组织幼儿参与制作民间游戏的玩具（如制作各种毽子、扇子等），幼儿通过夹、系、撕、钻、拧、穿等，能促进手部精细动作的发展。

（二）促进幼儿社会性的发展

民间游戏具有趣味、随机、简单易学等特点，能培养幼儿的自制力和坚持性。幼儿在游戏活动中能体验成功的喜悦，从而产生兴趣、树立自信心，促进幼儿自我意识的发展。

一些民间游戏需要多个幼儿合作才能进行，如“套套乐”“跳长绳”等，幼儿在游戏中学习合作、体验分享的快乐等。同时，民间游戏能唤起成人对儿时的美好回忆，也能有效促进亲子、同伴及师幼之间的交往与关系的融洽，有助于促进幼儿的社会交往。

（三）促进幼儿对传统民间文化的了解

传统民间游戏反映着当时当地特有的民间文化。民间游戏的开展，可以让幼儿自然地接触当地的文化习俗、加深对本地民俗文化的认识和理解、对民间文化产生兴趣，有利于幼儿通过游戏活动感受家乡人民的聪明才智，激发幼儿热爱家乡的情感。

（四）促进幼儿语言能力的发展

很多民间游戏配有儿歌，儿歌节奏性、趣味性强，朗朗上口。如游戏“炒黄豆”，两人一边拍手一边念儿歌《荷花荷花几时开?》，幼儿在一问一答中游戏，既可以促进幼儿之间的表达交流，发展幼儿的语言表达能力，也能增进同伴间的情感交流。

（五）促进幼儿科学探究能力的发展

首先，幼儿在制作和操弄民间游戏玩具时要构思、猜想，还要验证，要为自己既定的目标选择材料、动手操作，既要动手又要动脑。如：离心花为什么会飞？怎样才能让陀螺转得久？这对培养幼儿的探索精神大有裨益。

其次，民间游戏中所运用的玩具之直观形象性和真实性，可以引发幼儿的联想；而游戏的玩法与规则要求，则有利于训练幼儿的思维，如各种棋类、智力玩具，可提高幼儿的比较、分析、判断、推理等能力。

（六）促进幼儿审美能力的发展

民间童谣、儿歌等富有韵律，能让幼儿自然地感受节奏美。民间玩具本身也是艺术品，有的装饰美观，有的形象新颖又富有趣味性，符合幼儿的欣赏水平和心理特点，能引发幼儿的好奇心，为幼儿所喜爱。同时，幼儿也可以动手把收集来的沙、石、泥土等，用自己喜爱的方式制作玩具，有利于提高幼儿欣赏美、表现美和创造美的能力。

二、对教师专业发展的意义

（一）深化教师对幼儿园课程文化性特质的理解

教育是一项有目的、有计划培养人的社会实践活动。在教育实践中将传统优秀文化传递给下一代，这是教育的历史使命。课程作为教育的主要载体，在开展课程活动中将文化传承的使命予以突显，这是时代赋予幼儿园教师的新使命。民间游戏作为优秀传统文化的具体体现形式之一，在幼儿园积极实施民间游戏课程，有利于深化教师对幼儿园课程文化性特质的理解。

（二）提升教师对幼儿园课程资源的研发能力

教师应将民间游戏视为幼儿园课程开展的重要资源，并作为幼儿园课程内容的来源。教师在开展相应的课程活动过程中，需要基于幼儿园课程价值层面对民间游戏资源进行分析，并依据分析的结果有所选择，进而按照“以学定教”原则设计相应的课程活动。可以这样说，以民间游戏为内容研发的课程活动方案，带有较强的原创性质，是教师专业创造力在幼儿园课程实施中的具体体现。开展民间游戏走进幼儿园课程的探索，显然可以促进教师课程资源研发能力的有效提升。

三、对幼儿园课程建设的意义

（一）去除“小学化”现象的重要抓手

《3～6岁儿童学习与发展指南》（以下简称《指南》）指出，要珍视游戏和生活的独特价值，最大限度地支持和满足幼儿通过直接感知、实际操作和亲身体验获取经验的需要，严禁“拔苗助长”式的超前教育和强化训练。民间游戏是源于人们日常生活的自娱性游戏，贴近幼儿的现实生活，是民间传统文化的重要组成部分。搜集和整理当地比较有特色的传统民间游戏并对其加以分类和研究，将民间游戏作为幼儿园课程的重要资源，结合本地区和本园的实际特点，努力将民间游戏融入幼儿园课程，并形成系列课程活动，让课程内容更加贴近幼儿生活，践行课程游戏化理念，让幼儿更好地享受童年乐趣，乃是幼儿园去除“小学化”教育现象的最好抓手。

（二）打造园本化课程的重要载体

幼儿园课程建设的过程，其实就是幼儿园基于本园实际以及周边可利用的资源进行园本化的过程。富有个性化的课程资源，往往是打造园本化课程的重要载体。从民间游戏资源挖掘的角度进行课程的研发，必然会将当地文化特色融入幼儿园课程，由此而生发的课程活动也就自然带有浓厚的地域特征。幼儿园课程的特色，也必将随着课程的不断深入而日益突显。

第三节　民间游戏课程研发的策略

一、以课程资源库的思路整理收集民间游戏

民间游戏具有一定的民俗性、地域性。如何立足于本地文化、立足于本园，探索挖掘贴近幼儿现实生活的民间游戏，梳理、形成一套具有本土特色的民间游戏资源库，是开展民间游戏走进幼儿园课程研究的基础。

（一）立足本土，收集富有地方特色的民间游戏

民间游戏在劳动人民长期的生活和生产过程中“出生”“成长”并代代相传，流传至今。它反映了某地域人们的生活习俗、娱乐方式等方面的重要内容。因此，地域文化和民间传统文化是民间游戏的根本。幼儿园如何在自身课程建设和发展的过程中，立足于本园实际，筛选出能体现本土文化、贴近幼儿现实生活的民间游戏，建立适合本园课程开展的民间游戏资源库，对幼儿园和幼儿的发展具有积极的价值和意义。

1. 从网络上收集

在信息化时代，网络收集具有覆盖面广、内容丰富等特点。我们组织教师在网上广搜民间游戏，并要求他们在搜集过程中了解每个游戏的来源、文化背景、名称、玩法等基本信息。随后，我们对收集到的五十多个民间游戏进行整理、筛选，剔除不适合本园开展的游戏，如“抖空竹”“转陀螺”“踩高跷”等。教师在搜集、研讨过程中逐步了解了民间游戏、熟悉了民间游戏，进而喜欢民间游戏，为课题的后续开展营造了良好的文化氛围。

2. 从文献里采集

在网上搜集民间游戏虽便捷，但内容太泛，有的缺乏科学性和教育性。相比之下，从文献中精选民间游戏资料更可靠。文献中的游戏内容有的经过

研究者的实践，更富有指导意义。

一是从《民间游戏走进幼儿园》《民间游戏集锦》等游戏图书中把一些地域特点不明显、适用范围广的游戏，如“丢手绢”“跳房子”“捉迷藏”等，挑选出来，并借鉴和合理采纳书中对于游戏的介绍与讲解。

二是查询地方文史类的记载，从当地的民俗专家撰写的论述民间游戏的著作中，尤其是幼教界人士在传统民间游戏方面的研究文献等，获得资料，获取有教育价值的民间游戏，如“扎手绢”“竹蜻蜓”“抬轿子”等，逐步充实民间游戏课程资源库。

3. 从调查中征集

很多传统的民间游戏是祖辈小时候经常开展的，因此，当地年长的家长、已退休的老教师、地方文化工作者都是很好的收集来源。

一是召开家长座谈会。结合案例，从教育的角度向家长宣传民间游戏对幼儿发展的意义，使家长充分认识民间游戏的教育价值，并主动参与进来。在此基础上发放倡议书、调查问卷等，让家长自愿把自己玩过的或者了解的民间游戏介绍给幼儿园。

二是邀请退休的幼教同人来园座谈。这些老前辈小时候大多玩过民间游戏，教学实践丰富，清楚什么样的游戏更适合幼儿，与他们一起回忆、探讨、搜集民间游戏最合适不过了。

三是访谈地方文化工作者。我们在整理过程中发现，在用方言表述游戏的名称及童谣内容时，教师存在会说不会写的困惑，于是，便去拜访地方文化工作者，请他们对所整理的民间游戏的名称及童谣进行翻译，整理成富有本地特色的民间游戏以充实资源库。

（二）立足幼儿，梳理适合幼儿能力水平的民间游戏

传统民间游戏虽然以它内容的多样性、玩法的趣味性展现了它在幼儿教育中的巨大价值，但随着时代的发展，有的游戏在一定程度上已无法满足当代幼儿游戏的需要。为了使民间游戏更好地传承下去，应在取其精华的基础上，对游戏的内容、材料、玩法等方面进行梳理、改编和创新，使其更具操作性和可行性，以满足不同发展水平幼儿的需要，充分发挥其多重教育价值。

1. 对游戏类型进行统一归类

为便于游戏的开展，我们对筛选出来的民间游戏，从游戏名称、玩法、规则等方面进行整理。如前所述，我们根据游戏的性质及教育功能的不同，

将所搜集的民间游戏划分为传统玩具类、娱乐徒手类、经典童谣类、趣味竞技类。

2. 对游戏内容进行适当改编

民间游戏流传于民间，受到当地文化、社会环境、价值观念等因素的影响。随着时代的变迁，有的游戏内容比较陈旧，甚至不够健康。因此，本着“取其精华，去其糟粕”的原则，我们对搜集到的民间游戏内容进行分析和改编，赋予了游戏新的内容和含义。

如“三人套圈”，原有游戏只是让幼儿单纯地套圈，我们把其融入闽南童谣《翻人仔》。游戏中幼儿可以有节奏地边念童谣《翻人仔》边套，不仅能消除游戏本身的枯燥、单一，还能在边唱边玩中感受闽南语的诙谐、风趣，体验游戏的无限乐趣，还能推动幼儿对闽南语、闽南文化的了解和传承。我们发现童谣第二句“乞丐起来看”，有歧视乞丐的含义，我们稍做改动，改为“大家起来看”，使游戏内容更健康。

一个游戏也可融入多首童谣，如“跳皮筋”可以和童谣《小皮球》或《打铁哥》结合。幼儿以“剪刀石头布”决定游戏出场顺序，以朗朗上口的童谣《小皮球》或《打铁哥》渲染游戏氛围，让幼儿随着童谣的明快节奏完成挑、勾、踩、跨、压等各种腿部动作，在充满趣味性的游戏中充分享受自由、快乐，促进各方面能力的发展。

3. 对游戏玩法进行大胆探索

趣味性是游戏的生命。许多传统民间游戏虽具有一定的趣味性，但玩法过于单调，无法满足幼儿的挑战欲望。如游戏“报喜”，原有的游戏规则是任何一方向大王“报喜”时只能说出对方的姓名，这对幼儿来说挑战性不够。我们鼓励幼儿把它与现有的游戏“谁是卧底”“谁是叛徒”等结合起来，通过幼儿的协商讨论得出，不一定要说姓名，可根据对方的外貌特征、性格、习惯等进行描述，让“大王”判断此人是谁，使游戏充满悬念和挑战性，不断促进幼儿各方面能力的发展。又如游戏“三人套圈”，从最开始的三人传统玩法，创新出有规律的多人套圈玩法：三人玩套一人，四人玩套两人，五人玩套三人，六人玩套四人……幼儿在不断发现问题、解决问题的过程中充分体验游戏的乐趣。

4. 对游戏材料进行积极创新

在民间游戏中，材料的投放与提供既要促进幼儿参与游戏的积极性，又要能体现地域性、安全性和探索性。如游戏“挑小棒”，原始的游戏材料是小树枝，在玩的过程中，幼儿发现树枝的粗细、长短不一，不好挑，于是教师鼓励幼儿寻找吸管、牙签、签香棒、冰棒棍、稻草秆、烧烤棒等能够为游戏所用的小棒，探索哪种小棒更好玩。又如游戏“翻花绳”，这是一种用打好结的绳子环绕于单手或者双手手指上并翻出不同花样的游戏。为增强幼儿的探索欲望，教师提供毛线、编织带、松紧带、细麻绳等不同材质的绳子，让幼儿在游戏过程中通过观察、比较，发现毛线韧性不够，容易扯断，松紧带有弹性不易于变花样，进而探索出编织带最合适。

（三）立足本园，创设激发幼儿游戏的民间游戏环境

幼儿园游戏的发展受到环境的熏陶和影响，只有在适宜的环境中幼儿才能愉快地游戏。如何立足于本园实际，创设既能延续传统文化元素又适合幼儿探究的民间游戏环境，营造浓厚的民间游戏氛围，让幼儿进行有效的学习，是每个教师都应该思考的问题。

1. 创设开展民间游戏的公共区域

我园创设的开展民间游戏的公共区域，是民间游戏环境的重要组成部分，是对所有幼儿开放的游戏空间，主要包括民间游戏博物馆、户外民间游戏区等。

（1）民间游戏博物馆

我园教师利用园内特定的空间创设民间游戏博物馆，将师幼收集的有关民间游戏的相关资料，包括实物、模型、视频、图片等，以一定的形式予以呈现。在民间游戏博物馆的创设过程中，我园教师充分发挥幼儿的主体性，让幼儿成为环境创设的主人，如：请幼儿将收集到的民间玩具陈列在博物馆内，并做上自己喜欢的标记；将调查到的民间游戏的名称、玩法、规则用自己的方式表现出来，展示在博物馆墙面上，让同伴了解更多的民间游戏。

民间游戏博物馆让幼儿充满好奇与向往，幼儿在此空间中可以直接与展品接触，通过观察、操作或制作等方式探究民间游戏，在传承的过程中不断地进行创新。我园教师在博物馆较宽敞的走廊中创设了大型的“跳房子”游戏区，幼儿熟悉游戏玩法后，几个有舞蹈功底的幼儿便开始创新了：跳完格子后，背对“房子”下腰将石子放入相应的格子内，该格子就是自己的“房间”，别人不能跳进来。他们将游戏与舞蹈结合起来，开发出了新玩法。其他幼儿的积极性被调动了起来，不会下腰的幼儿想方设法创新出自己能接受的玩法，如向同伴商量借一个“房间”，这时有的幼儿就会出借一个“房间”，

同意让其把脚踩在上面。像这样的新玩法、新规则，不断为游戏增添新的活力，不断激发、培养幼儿的创造性。事实表明，民间游戏博物馆的设置，能弥补班级环境中空间和资源的不足，对民间游戏的传承起到了很大的作用。

（2）户外民间游戏区

户外民间游戏区，包括专题式“民间游戏城”和渗透式民间游戏区，主要用于开展活动量较大且参与人数较多的民间游戏。

①专题式“民间游戏城”

我园在楼顶阳台创设了专题式户外民间游戏区，即“民间游戏城”。在“民间游戏城”中，我园教师设置了民间游戏器械柜，用来存放收集或制作的民间游戏材料，如高跷、弹弓、舞龙舞狮的材料、沙包、石子等；在四周张贴了各种民间游戏图片，让幼儿可以看图示自主游戏；创设了许多涂鸦墙，让幼儿可以即兴涂画游戏玩法、游戏情境或记录游戏情况；创设了露天游戏区、半露天游戏区，满足了不同天气情况下幼儿的游戏需要（天气太热或雨天可以在有阳光板、锦屏藤遮挡的半露天游戏区玩，日常可以在露天游戏区玩）。教师根据“民间游戏城”的结构合理划分，因地制宜地将场地划分为动态类民间游戏区和静态类民间游戏区。

一是动态类民间游戏区。空旷的区域内标注了房子图、闯关框、“俘虏营”、四角、标靶等，幼儿可以玩需较大空间但不需固定场地的游戏，如“追逐跑”“扔沙包”“拍纸壳”等；另外一块草坪上，幼儿可以在上面玩“老鹰捉小鸡”“猜拳跨步”等易摔倒的游戏，也可以席地而坐玩“拉大锯”“击鼓传花”等游戏。

二是静态类民间游戏区。教师利用“民间游戏城”中的小亭子、生态长廊、游戏城堡等将静态类民间游戏区与动态类民间游戏区适当隔开，形成相对独立的空间。幼儿可以在小亭子里玩“翻花绳”“报喜”“转木薯叶”等游戏，在生态长廊下玩“挑小棒”“抓籽”“五子棋”等游戏。

②渗透式民间游戏区

我园因地制宜，利用园内环境，开辟渗透式户外民间游戏区，将民间游戏渗透在户外分区活动中。小舞台是语言类和表演类民间游戏区，幼儿在这里可以玩“三人套圈”“丢手绢”等游戏；人工草坪是运动类和竞技类民间游戏区，幼儿可以在上面玩“抬轿子”“跳皮筋”“猜拳跨步”“老鹰捉小鸡”等游戏；骑行道是益智类和生活类民间游戏区，幼儿在这里可以探索“滚铁环”

"拍纸壳""扔沙包"等游戏；大型玩具区是捉迷藏区，幼儿可以充分利用场地中的树木、小亭子、山洞、小山坡等作为遮蔽物。这些不同区域既相对独立又具有关联性，人员可以相互流动，如参加"舞龙舞狮"游戏的幼儿可以去参加"抬轿子"游戏，跳花样皮筋的幼儿可以到小舞台上参加演出等。

2. 创设班级民间游戏特色区

班级民间游戏特色区是对全园性民间游戏空间的有益补充。我们在空间相对较大的走廊、转角等区域创设班级民间游戏特色区。

（1）民间游戏特色区的环境创设

小班幼儿具有开始认同、接纳同伴与教师，模仿性强，产生美术表现的欲望等特点。因此，在小班的民间游戏特色区中，我园教师张贴了幼儿与家长、教师、同伴一起游戏的图片，引导幼儿主动接近民间游戏，尝试探索。如"捉迷藏"游戏后，教师将幼儿的游戏照片贴在区域内，这引起了幼儿极大的好奇心，他们会向同伴介绍自己和谁一起游戏、图片上还有谁等，后来他们甚至能看着照片互相讨论同伴躲藏的方位。随着年龄的增长，他们开始尝试用绘画表现自己对游戏的理解，如玩"木头人"后，幼儿能用简单的线条表现木头人的造型。将幼儿的作品贴于民间游戏特色区内，能进一步提高幼儿的游戏兴趣和水平。

中班幼儿游戏水平有了较大的提升，需要拓展游戏空间和宽松、安全的探索环境；活动持久性增加，需要在活动时间上给予合理的保证。中班的民间游戏特色区要有足够的空间满足幼儿各方面发展的需求。教师在活动室外的长廊中创设"翻花绳""东西南北"等民间游戏主题区，鼓励幼儿将自己收集的图片或自己制作的作品贴在区域墙面上，包括各种难易程度不同的翻花绳图、制作"东西南北"的步骤图等。幼儿在这里可以自由探索、玩交往式的游戏。

大班幼儿自我评价能力逐步发展，自理能力和劳动能力明显提高，合作意识逐渐增强，规则意识逐步形成，爱学、好问，有极强的求知欲望，教师应放手让幼儿自主选择合适的民间游戏空间，自主创设区域环境。我园大班幼儿利用柱子、转角或可移动的屏风、柜子等，营造了一个个开放、可变、通透又相对独立的游戏区域：将需要安静环境的语言类游戏、益智类游戏，如"报喜""挑小棒"等划分在一起；将需要大空间的运动类游戏，如"跳房子""扔沙包"等划分在一起，并画上相应的区域标记……大班幼儿将协商制订的游戏玩法、规则等以自己的方式记录下来，贴在游戏区，既美化环境，又起到提示的作用；将生成的游戏主题展示在游戏区中，如在“跳皮筋”游戏中，幼儿在墙面上创设了“谁是皮筋王”主题墙，既增强了游戏的竞争性，又有效推进了游戏的发展。

（2）民间游戏特色区的材料投放

材料是幼儿探索和学习的必备物质条件。为了引发幼儿主动学习的兴趣，我们为不同年龄段的幼儿提供了不同层次的民间游戏材料，并按游戏种类分开摆放。

根据小班幼儿的年龄特点及游戏水平，我们投放了适合小班幼儿玩的民间游戏材料，如手绢、七巧板、竹马、“击鼓传花”游戏中使用的花等。

在中班，我们投放了层次性明显、探索性强的民间游戏材料，如提供各种材质的小棒（签香棒、稻草秆、竹棒、小树枝等），让幼儿玩“挑小棒”游戏。“挑小棒”游戏不仅可以发展幼儿的手部精细动作及细心、坚持的学习品质，还可以让幼儿探索材料的长短、轻重、粗细等对游戏的影响。在“抬轿子”游戏中，我们为幼儿准备了各种固定轿杆的绳子，幼儿不仅可以探索轿杆的位置，也可以探索用哪种绳子固定轿椅和轿杆的效果更好。

根据大班幼儿的年龄特点和游戏水平，我们鼓励幼儿将收集的游戏材料带来幼儿园与同伴分享，如沙包、五子棋、陀螺等。此外，教师投放了大量半成品材料，幼儿可以自己制作玩具并开展游戏：利用“Y”状树枝、皮筋、弹兜等自制弹弓，利用报纸、广告纸、打印纸等自制“子弹”，探索不同材质“子弹”的发射力度和击中率；探索小石子、沙包、树籽、木粒等哪种材料更适合玩“抓籽”游戏……

二、灵活把握民间游戏开展的时机

（一）在集体教学活动中渗透民间游戏

集体教学活动的基本特点是在一个相对固定的单位时间内，幼儿在教师的组织下，围绕基本相同的内容，以基本相同的速度、方式等进行学习，强调共性，效率较高。把民间游戏与集体教学结合，能有效地提升幼儿相关的游戏经验。

1. 童谣活动

以集体教学活动的形式开展童谣欣赏、童谣朗诵等活动，能让大部分幼儿在短时间内了解童谣内容、学会朗诵童谣。例如，教师尝试让幼儿边跳皮筋边朗诵童谣《刘胡兰》，避免单调地跳皮筋。童谣《刘胡兰》的内容对幼儿来说，是一个遥远而又有传承价值的故事，教师在集体活动中将童谣编成故事，让幼儿了解刘胡兰的英雄事迹，再引出简洁的童谣“刘胡兰十五岁，参加革命游击队……”，幼儿很快就能记住童谣内容，在游戏时也能边念童谣边有节奏地跳皮筋。此外，跳皮筋可以融入童谣《小皮球》，但这首童谣的内容于幼儿来说比较抽象，不易掌握。教师根据幼儿的学习特点，采取集体教学的方式，让幼儿感受童谣的韵律节奏、发现并理解数字规律等，逐步引导幼儿理解童谣，进行意义识记，为幼儿边念童谣边跳皮筋做好经验及能力上的准备。

2. 体育活动

运动类和竞技类的民间游戏以集体教学活动的形式开展，能够有效地让幼儿在短时间内习得规范的动作。开展“猜拳跨步”游戏之前，在集体教学活动中，幼儿通过教师的讲解示范，掌握了跨步的规范动作，能用规范的跨步动作进行游戏，不仅减少了游戏纠纷，也减少了动作不规范带来的伤害。在“扔沙包”游戏中，幼儿不同的甩、抛、扔等动作引发了争议。教师及时组织集体教学活动，让幼儿掌握规范的肩上挥臂投物的动作，引导幼儿发现规范的动作能将沙包扔得更远、更准，进而在游戏中能以规范的动作进行游戏，促进幼儿的动作发展，增强幼儿的规则意识。

3. 科学活动

民间体育游戏中产生的问题有时能生成科学探索活动。如“拍纸壳”游戏中，幼儿在判断谁近谁远的过程中产生了测量的需要，教师抓住教育契机，组织幼儿开展集体教学活动“自然测量”，对幼儿之前使用的测量方法进行梳理，让幼儿在游戏中掌握测量的正确方法，理解使用不同的测量工具会有不同的测量结果。游戏与集体教学互相融合，有效促进了幼儿自主学习能力的发展。

（二）在户外锻炼活动中融入民间游戏

1. 民间游戏融入早操活动

将民间游戏融入早操之中，不仅可以更好地发挥早操的功能，还能高效地传承与发展民间游戏。如“三人套圈”游戏中，刚开始幼儿总是不明白手要怎么搭，教师费了九牛二虎之力也无法让他们快速辨别左或右、明白三个人的左右手要怎么分配。后来教师在早操中增加了“三人套圈”的游戏，在日复一日的尝试中，幼儿终于积累了与同伴搭手的经验。一个学期之后，幼儿不仅能准确无误地玩“三人套圈”游戏，还出现了四人套、五人套等多种玩法。在早操中，教师还设计了玩“跳皮筋”“踢毽子”“抬轿子”等民间游戏的环节，并根据不同年龄段幼儿的身心发展规律提供了陀螺、绳子、皮筋等民间游戏材料，不仅丰富了早操器械，增强了早操的游戏性，而且提升了幼儿的运动量，促进了幼儿动作的协调发展。

2. 民间游戏融入户外活动

我园户外空间大，教师创设户外民间游戏玩具展示区，投放毽子、高跷、独轮车、风筝等玩具，便于幼儿取放游戏材料。在开展户外民间游戏过程中，教师鼓励幼儿探索一物多玩，充分尝试各种不同的玩法。玩“跳房子”游戏时，幼儿可以将沙包用来踢、托、顶，还可以当棋子等。玩“滚铁环”游戏时，幼儿探索出了多种玩法：将铁环向前滚，比一比谁滚的时间长；将铁环放在地上，当水洼跳过去，当浮桥单双脚跳；钻、套、投铁环；等等。幼儿自主地探索，既增加了游戏的趣味性，也培养了自信心。

（三）在活动过渡环节中渗透民间游戏

民间游戏小而精的特点，适合幼儿在一日生活的过渡环节中开展。幼儿可以一边玩耍一边等待，避免了因长时间等待而出现打闹的现象，既丰富了幼儿园课程内容，又使一日生活环节井然有序，无缝衔接。

1. 入园时

入园是幼儿愉快地开始一天生活的关键。我们在各个区域中为幼儿准备了一些比较安静的民间游戏活动，如“抓籽”“挑小棒”“翻花绳”“三人套圈”“打铁哥”“拉大锯”等。早入园的幼儿可以一边玩一边准备参加户外体育活动，在游戏中获得愉快的情绪体验。

2. 自由活动时

幼儿园一日活动环节过渡中有许多自由活动的时间，如餐前准备、起床穿衣、排队梳头、喝水、垫吸汗巾、饭后散步等环节，幼儿由于能力的差异，有的完成得快，有的则比较慢。为了减少排队时间和不必要的等待，幼儿可以玩一些运动量小的民间游戏，如“东西南北”“报喜”“炒黄豆”“摸鼻”等，让等待的幼儿在轻松的游戏中以愉快的心情参加下一个环节的活动。

3. 离园时

幼儿在园生活了一天，等待家长的时刻是他们心情最不稳定的时候。为了保证幼儿的安全，也让幼儿养成安静、有序的习惯，我们组织幼儿玩“东西南北”“抓籽”“翻花绳”“挑小棒”等民间游戏，缓解幼儿焦急的情绪，让幼儿在愉快的游戏氛围中与教师、同伴告别。

三、以创新视野审视好民间游戏活动的开展

文化既需要传承，更需要创新。由于社会发展，当下的时代与产生民间游戏的年代已有很大的不同。因而，必须以创新视野来审视民间游戏活动的开展，以确保民间游戏活动的质量，让幼儿不仅会玩民间游戏，还爱玩民间游戏。

（一）整合：使民间游戏内容更具生动性与丰富性

一些民间游戏的玩法简单重复，相对比较单调，无法持续地吸引幼儿。经过观察与实践，我们发现可以通过“合理整合”的方式，使民间游戏更具生动性与丰富性，以增强游戏活动的趣味性。

1. 与闽南童谣整合

一代一代的闽南人都是听着充满童趣的闽南童谣长大的。闽南童谣朗朗上口、富有节奏感，内容丰富多彩。实践中我们发现，幼儿对伴有闽南童谣的民间游戏更感兴趣。于是，我们收集了一些适合幼儿说唱的闽南童谣，并尝试将其整合到原本没有童谣的民间游戏里，让幼儿边说唱闽南童谣边玩游戏。如在“抬轿子”游戏中，幼儿或两两配合用手腕搭轿徒手抬“新娘”，或用竹椅抬“新娘”，动作简单重复，难免乏味。我们尝试将闽南童谣《海龙王卜娶某》整合到“抬轿子”游戏中，简单的三人游戏就变成了一出多角色的游戏，幼儿有的扮“新郎”海龙王，有的扮“新娘”鲤鱼，有的扮“媒婆”虾姑，还有的扮抬轿、挑灯、敲锣打鼓的青蛙、蜻蜓、萤火虫、龟、鳖、鼠等“伴郎”或“伴娘”。幼儿扮演着自己喜欢的角色，一路走一路朗诵着童谣：“天黑黑，要下雨，海龙王，卜娶某……”诙谐有趣的闽南童谣配上各种简单、有趣的动作，使民间游戏更具趣味性与丰富性。幼儿边念闽南童谣《月光光》（“月光光，渡池塘。骑竹马，过洪塘……”）边玩民间游戏“骑竹马”，使得简单枯燥的骑马动作有了韵律感，同时使骑马游戏有了情境感，幼儿玩得更投入、持久。此外，我们将闽南童谣《打铁哥》（童谣内容见第 29 页）与民间游戏“拍手”有机融合起来，增加了游戏的趣味性。

2. 与相关游戏整合

我们尝试把民间游戏与其他相关的游戏整合在一起，让游戏内容更丰富，旨在通过整合创造出新的民间游戏。比如，当幼儿因为玩游戏的顺序产生矛盾的时候，教师便自然地把“剪刀石头布”这个游戏整合进来，既增加了游戏的环节，又能有效地避免不必要的冲突。在实践中，幼儿会将诸如“剪刀石头布”或“黑白配”这样简单有趣的游戏，与“跳皮筋”“拍纸壳”“挑小棒”“东西南北”等游戏进行整合，以此方式来决定玩游戏的先后顺序。又如，大班幼儿喜欢以比赛的方式玩“跳房子”这类游戏，这类游戏可以整合“扔沙包”“扔小石子”“扔瓦片”等相关的小游戏。

把单一的民间游戏与相关的游戏整合，除了前述的两种方式外，还可以引导幼儿将多种游戏整合，比如幼儿把“剪刀石头布”“扔沙包”“跳房子”三个游戏整合起来，以游戏“剪刀石头布”决定“跳房子”的先后顺序，胜出者优先扔沙包，再跳到沙包所在的格子里……各种游戏之间的优势互补，丰富了游戏的内容，增加了游戏的价值。

3. 与教学活动整合

幼儿在游戏的过程中，有时会出现一些共性的问题或需求，这时教师可把民间游戏与教学活动整合，适时地开展集中教学活动，给予幼儿适宜的帮助，从而促进游戏的逐步发展。

大班幼儿在玩游戏“猜拳跨步”时为了胜出，会使用双脚向前跳、腾空跨跳、直接向前迈步等不同的跨步动作。但教师发现，大部分幼儿在跨步落地时站不稳，还会在惯性作用下向前跨几小步，常常会出现犯规、争执等现象。于是，教师适时地组织训练跨步动作的体育活动，通过体育活动让幼儿进一步学习和正确掌握跨大步的动作技能，帮助他们积累和提升相关经验，为更好地开展“猜拳跨步”游戏奠定基础。

大班幼儿在玩“拍纸壳”游戏时，需要比一比谁的纸壳飞得远。当出现两个纸壳飞出的距离相差不明显又无法用目测法判断时，幼儿之间常常出现争论。到底该怎么比、怎么量呢？此时，教师借机开展了集中活动“自然测量”，引导幼儿对之前游戏中积累的经验进行梳理，尝试寻找各种适宜的测量工具、探究正确的测量方法，并在测量中初步感受测量工具与测量结果之间的关系。

（二）变通：使游戏玩法更具灵活性与多样性

有一些民间游戏，如“抬轿子”“跳皮筋”“跳房子”“跳长绳”等，由于本身的难度比较大，如果不加处理而简单搬用的话，并不适合幼儿玩。因此，我们采取变通的方式，引导幼儿创新多种玩法，让游戏更灵活多样。

1. 变换玩法

看似简单的双人“抬轿子”游戏，对幼儿手部力量的平衡与控制、与同伴步调的协调一致等有一定的要求。如果一味地让幼儿练习“抬轿子”动作，没有创新，幼儿会觉得枯燥。因此，在“抬轿子”游戏中，教师先引导幼儿尝试两人用手腕搭轿抬“新娘”，再将竹椅、竹竿当轿子抬；在发现竹椅易滑、易翻等问题后，引导幼儿探索如何固定竹竿并使竹椅稳定；之后，引导幼儿用竹竿、竹椅玩“抬小动物比赛”的游戏。玩法的变换增加了游戏的趣味性，幼儿得到了多方面的发展。

2. 创新玩法

玩法、规则的创新会给民间游戏注入鲜活的生命力。闽南民间游戏“报喜”是幼儿喜爱的游戏之一，游戏中幼儿分成两队，轮流派出“告密者”向“大王”报告对方成员的名字，能否准确判断哪位成员被“告密者”报告决定着游戏的胜负。“报喜”游戏需要幼儿不断地思考、判断，时间也比较长，多玩几次幼儿就会觉得乏味。因此，幼儿对游戏玩法进行创新，赋予游戏更多的魅力：他们发现观察“告密者”的嘴型可以猜出他说的名字，这样一来，等待游戏的幼儿都专注地观察“告密者”；过了一段时间，他们又升级了玩法，用起了“障眼法”，即“告密”时眼睛盯着对方某个成员看，说的却是另一个成员的名字。随着游戏的不断深入，幼儿的创新玩法越来越多，如他们为队伍命名，尝试以“五局三胜”等方式论输赢，赢的要表演节目、输的要献花等。于是，这个游戏幼儿从大班上学期一直玩到毕业，还玩得非常起劲，还在回家后教长辈、社区里的伙伴们玩。创新游戏玩法，让民间游戏得到了更好的传承与发展。

3. 调整玩法

（1）调整游戏人数

其一，减少人数。游戏人数过多，游戏等待的时间过长，对于处在以自我为中心阶段的小班幼儿来说是不合适的。例如“丢手绢”游戏，游戏人数越多，轮到丢手绢的机会就越少，幼儿自然就失去了游戏兴趣。适当减少人数后，角色交换时间变短，幼儿在“蹲—跑”交替中也不觉得累。又如“老鹰捉小鸡”游戏，参加游戏的人数如果太多，幼儿在躲闪跑的时候就容易摔倒，甚至被甩出去，存在安全隐患，必须减少游戏人数。经过我园教师的观察、探究与实践，小班幼儿玩“老鹰捉小鸡”游戏，一组 5～6 人最为合适（扮演老鹰、鸡妈妈的各一人，扮演小鸡的 3～4 人）。再如“捉迷藏”游戏，小班幼儿记不住同伴姓名、游戏人数等，多人躲藏时经常会有幼儿被遗忘，因此人数也应当少一些。

其二，增加人数。这种方法适合社会交往能力发展比较迅速的中、大班幼儿，因为他们希望与更多同伴一起玩，体验多人游戏的乐趣。在“跳皮筋”游戏中，传统的两人拉皮筋的玩法令拉皮筋的幼儿觉得很无聊，这时候来旁观的幼儿主动要求拉皮筋，皮筋的形状由原来的长方形变成了三角形，幼儿觉得非常有趣。之后，他们又探索拉出正方形的方法，四个拉皮筋的幼儿不断调整站位、皮筋高度等，使皮筋形成正方形的形状。由于人数的增长，幼儿的游戏兴趣陡然提高，并由传统的跳皮筋转移到探索空间几何形体，幼儿自主学习能力得到发展，也使得“跳皮筋”这一民间游戏的价值更丰富。

（2）调整游戏空间

不受场地限制是民间游戏的特征之一。教师应充分利用幼儿园的每一个角落，交互使用室内与室外的游戏空间，有效地开展民间游戏。例如，把“跳房子”游戏融入走廊及室内的区域活动中，幼儿可以在益智区设计各种房子图及玩法，在美工区拼摆房子形状、表现游戏玩法及规则；在阅读区制作“民间游戏简报”等。在户外的泥地上开展“跳房子”游戏时，幼儿可以借助小石子等在地上画房子，游戏后将线条擦掉，使场地恢复如初；可以光脚在泥地上玩“跳房子”，即使摔倒也无大碍。我园还创设了民间游戏体验室，室内放置了木桌、木椅、木屏风，幼儿在这里可以玩安静的民间游戏，如“挑小棒”“五子棋”“翻花绳”“转木薯叶”等。室外游戏空间则从走廊延伸到四周的草地、小舞台、小竹林，幼儿可以根据自己的需要选择场地进行游戏，如在走廊玩“跳房子”、在转角玩“拍纸壳”、在草地玩“跳皮筋”、在小竹林玩“老鹰捉小鸡”、在小舞台玩“抬轿子”等。楼顶的“民间游戏城”不仅景色优美，空间也非常大，可容纳两个班的幼儿同时游戏。在“民间游戏城”中，幼儿可以在花架下、廊道中自由游戏……对幼儿园室内外空间的灵活使用，扩大了游戏场地。

4. 巧用过渡环节

民间游戏的灵活性，决定了幼儿开展民间游戏时不受时间、空间等条件的限制。我们将民间游戏渗透到幼儿一日活动中的过渡环节并加以创新，赋予它更旺盛的生命力，提高幼儿的游戏能力，使幼儿一日活动更加充实和丰富。午休起床环节，幼儿有的在穿衣服，有的在叠被子，有的在喝水，有的在穿袜、换鞋……即使教师能“眼观六路、耳听八方”地照应，也势必造成很多幼儿的无聊等待。在这种过渡环节中，教师可以引导幼儿玩一些如“东西南北”“翻花绳”“三人套圈”“挑小棒”等相对安静、运动量小的民间游戏，丰富过渡环节的内容，使得一日生活环节井然有序、自然衔接。

（三）替代：使游戏材料更具时代性与探索性

民间游戏中有许多材料来自生活，而随着社会的发展，有一些材料在目前的生活中已不常见，有的材料又过于单一，因此需要采用替代的方式进行创新，使游戏材料更具有时代性与探索性。如传统的“丢手绢”游戏中所用的手绢在生活中已较为少见，教师和幼儿创新了游戏道具，将之改为“丢”幼儿喜爱的各种玩具等。

游戏道具的创新，既要满足幼儿游戏的需要，又要能促进幼儿多方面的发展。如“挑小棒”这一闽南传统游戏的材料比较单一，使用的签香棒又细又轻，中班幼儿的手眼协调能力及精细动作的发展水平导致他们在玩此游戏时感觉难度较大，挑一根便会动到多根签香棒。挑战多次，失败者居多。这时就有幼儿开始思考：这些小棒太细了，能不能用粗一点的小棒？在教师的支持下，幼儿展开了猜想：什么材料适合玩“挑小棒”的游戏？他们在记录纸上将自己猜想的材料画下来，再从材料架上找来了吸管、筷子、竹枝、小木棒、芦苇棒等材料进行验证。他们发现材料的长短、曲直、粗细、轻重等因素都会影响游戏效果。经过观察与探究，幼儿找出适合自己挑战的材料进行游戏。就这样，一个传统的发展精细动作与细致观察能力的游戏，慢慢演绎成了科学探索游戏，对游戏材料的自主创新让幼儿体验到了游戏的乐趣。

第二章　小班民间游戏活动组织与指导纪录

第一节　木头人

一、游戏名称：木头人

二、游戏玩法与规则

玩法：若干幼儿一起游戏，扮演木头人，边念儿歌边走路或做动作；当念到儿歌最后一句时，“木头人”用身体摆出各种定型姿势。

规则：儿歌必须念到最后一个字时才能做造型动作，之后不能有其他任何动作和表情。违反规则，则被停止游戏一次。

木头人（童谣）

山山山，爬高山，
山上有个木头人，
不许说话不许动，
等到明天才能动。

三、游戏对幼儿发展的价值分析

“木头人”作为一个历史悠久的民间游戏，趣味性强，内容生动、活泼；规则简单、易懂、可变；多作为集体性游戏。

健康领域：该游戏要求幼儿要有听口令急停以及保持各种奇怪动作的能力，这对发展幼儿的身体控制能力、动作的协调能力、下肢大肌肉发育等方面有促进作用。游戏还能使幼儿获得愉悦的情绪体验，有益于幼儿身心健康发展。

语言领域：游戏儿歌《木头人》篇幅短小，节奏感强，朗朗上口，简单易学。幼儿在游戏中边念儿歌边做动作，可以提高语言表达能力。

社会领域：在游戏中幼儿学会遵守游戏规则，学会令行禁止，萌发规则意识，学会与同伴友好相处，体验与同伴共同游戏的乐趣，增强幼儿的人际交往能力。

四、对应《指南》中的学习与发展目标（3～4岁）

领域	《指南》中的学习与发展目标
健康	（二）动作发展 目标1　具有一定的平衡能力，动作协调、灵敏 目标2　具有一定的力量和耐力
语言	（一）倾听与表达 目标1　认真听并能听懂常用语言 1. 别人对自己说话时能注意听并做出回应。 目标2　愿意讲话并能清楚地表达 4. 能口齿清楚地说儿歌、童谣或复述简短的故事。
社会	（一）人际交往 目标2　能与同伴友好相处 3. 与同伴发生冲突时，能听从成人的劝解。 目标3　具有自尊、自信、自主的表现 2. 为自己的好行为或活动成果感到高兴。 （二）社会适应 目标2　遵守基本的行为规范 1. 在提醒下，能遵守游戏和公共场所的规则。

五、游戏实施过程与纪录

（一）我们一起来当木头人

菜园的菜被鸟吃了，小潘说：“我们做个稻草人吧，这样小鸟就不敢来了。”当稻草人做好之后，幼儿被稻草人吸引了，纷纷模仿起来。雨轩说：“老师，他们像木头人一样不会动了。”果果说：“我玩过‘木头人’的游戏。”冉冉说：“我也想玩。”于是，师幼在菜园开始玩“木头人”的游戏。在教师细致地讲解了玩法后，游戏开始了。当念到儿歌最后一个字“动”时，很多幼儿摆好了自己的造型，但是没过几秒幼儿就开始动了。受同伴的影响，更

金教鞭

多幼儿也陆陆续续动了起来。

教师："'木头人'是不可以动的。"

冉冉："可是我们要站多久才能动呢？"

可可："我们可以从1数到10，然后说时间到了，就可以动了。"

教师："那要是还没数到10，'木头人'就动了，我们要怎么办？"

航航："就像玩'老狼老狼几点钟'一样，被'老狼'吃掉的停止游戏一次。"

幼儿通过商量，共同约定：如果还没数到10，"木头人"就动了，那就要停止游戏一次。

教师的思考：小班幼儿的游戏规则意识较弱，当游戏因规则缺失无法进行时，在教师的引导下，他们开始出现了商量的现象。这对刚入园不久的小班幼儿来说是非常难得的。幼儿经过商量，确定了通过数数来限制动作定型的时间。在之后的游戏过程中，即使有的幼儿并不能坚持到10就动了，他们也会停下来，自觉遵守游戏规则，停止游戏一次。教师想，如果能将这个好玩的游戏分享给家长，请家长也和幼儿一起玩，那幼儿的游戏情况会有什么不同呢？

（二）爸爸妈妈和我玩"木头人"

幼儿经常在幼儿园里面玩"木头人"的游戏，教师拍了一些幼儿游戏的照片和视频发到班级群。家长看到了，反映说幼儿回家也想跟家长玩这个游戏，但是幼儿年龄比较小，讲不清楚。于是，教师把游戏的玩法和规则发到群上，建议家长在家和幼儿一起玩。

一些家长把在家中玩亲子游戏的照片传到群上和大家一起分享。教师再把照片收集起来和幼儿一起分享，让幼儿自己介绍游戏的情况。

昕昕："我是和我爸爸一起玩'木头人'的游戏。"

梓梓："我是和我爸爸一起玩游戏，我没动，爸爸先动了，我赢了。"

涵涵："我和妈妈一起玩的游戏，是我先动了。"

…………

幼儿在家中和爸爸妈妈玩"木头人"游戏，玩得特别开心。

教师的思考：班级里大部分幼儿的父母很年轻，对于民间游戏也不是很熟悉。当幼儿把学到的民间游戏带回家中，和父母一起玩，一起谈论这个游戏的玩法时，民间游戏活动通过"小手带大手"延伸到了家庭，既丰富了幼儿的游戏经验，增强了幼儿的规则意识，也增进了亲子间的情感。

（三）我们学会轮流玩“木头人”

自由活动时间，几个幼儿聚在一起，商量着怎么玩“木头人”游戏。

婷婷：“我来当数数的。”

妍妍：“不行，我来当。”

婷婷：“我们轮流，我先开始，然后再到你，再到我。”

妍妍：“不行，我先开始，然后从我这边轮流过去。”

婷婷：“好。”

丰丰：“那下一个就轮到我了。”

能力强的婷婷懂得用轮流的方式解决游戏中的矛盾，并有了初步的序数概念。

大家开始游戏了，刚开始只有一个人数数，其他人扮木头人。玩了一会儿，很多人都想数数，后来自动分组，一部分幼儿扮木头人，一部分幼儿数数。大家玩得不亦乐乎。

教师的思考：在生活中学数学，更能让幼儿体会到数学的有用和有趣。幼儿在游戏中出现矛盾时，懂得用序数的概念来解决轮流玩的问题。作为教师，就应善于捕捉生活中所蕴含的数学学习元素，并有意识地做好渗透式的数学教育工作。

（四）百变“木头人”

今天，几个幼儿一起到幼儿园的小山坡玩“木头人”的游戏。“等到明天才能动。”当念到最后一个字，幼儿纷纷地变成了不能动的“木头人”。有个幼儿做了小兔子的定型动作。

教师：“我发现有个‘木头人’和别人很不一样啊！瞧，思思小朋友变成了一只什么造型的‘木头人’了？”

思思：“我是一只小兔子。”

教师：“原来可以变成一只小兔子造型的‘木头人’，我们还可以变成什么造型的‘木头人’呢？”

幼儿纷纷地围过来，各自说着。

辰辰：“可以变成小花猫。”

心心：“可以变成大老虎。”

教师："你们再玩游戏，看谁能变成不同造型的'木头人'。"

幼儿："好！"

幼儿又纷纷又往山坡上走去，这次出现了小猫和老虎造型的"木头人"。

教师的思考："木头人"游戏开展至今，幼儿想出了各种不同造型的"木头人"，给"木头人"游戏的开展增加了许多乐趣。今天幼儿变成不同造型的"木头人"，这些造型的原型源于生活，是幼儿经常接触或初步了解的事物。教师追随幼儿做造型的兴趣，让他们相互模仿，互相学习，不断丰富他们的造型经验，同时也增进幼儿与同伴之间的交往。

（五）熊与木头人

今天，心心、璇璇、濛濛等几个幼儿来到幼儿园的小舞台玩"木头人"游戏。

心心扮熊，其他幼儿扮木头人。当其他幼儿念完最后一句"等到明天才能动"，大家都变成了"木头人"，心心这只"熊"就出来找食物了。她边走边把手伸出来当作熊的爪子，还边说："看谁在动，那他就不是'木头人'，我就要把他吃掉。"

心心是班级里能力较强的幼儿，在游戏时，她有一定的角色意识了，知道自己是一只"熊"，伸出手指变成熊的爪子，要去抓自己的"食物"。

"熊"来了，其他幼儿显得异常安静和紧张，表情都变得很严肃，站着一动不动，怕被"熊"发现自己不是"木头人"。

"这不是'木头人'，她在动，我要把她带回家吃掉！"心心找到了自己的"食物"濛濛。心心又走来走去地寻找"食物"，找了好久，她又发现了梓梓动了，他也不是"木头人"。心心这只"熊"心满意足地带着"食物"回家去了。其他幼儿看见"熊"走了，开心地跳了起来。

教师的思考：幼儿自发地在游戏中添加了熊的角色。有了"熊与木头人"的这个游戏情境，游戏变得更加生动、有趣。幼儿在游戏中体现出来的坚持性和规则意识，也随着游戏的情境性不断增强。

（六）逗一逗“木头人”

户外活动区人太多了，幼儿便到活动室走廊玩游戏。可可说：“我来当数数的人。”婷婷说：“好。”经过几次游戏，幼儿的坚持性越来越好了，数完数都没发现动的“木头人”。

教师说：“可可，怎么办？‘木头人’太强了，看来你要输喽！”可可说：“我有办法，挠下痒痒他们就动了。”说完，可可便去逗“木头人”，挠挠这个的脖子，再挠挠那个的腋窝。果然，“木头人”坚持不住了，“咯咯咯”地笑了起来。

幼儿熟悉了游戏玩法后，能自发结伴游戏，并在教师的启发下尝试创新游戏玩法，增加游戏难度。游戏促进了幼儿思维能力的发展。

可可：“婷婷，你动了！晨晨，你也动了！”

瑶瑶：“轮到我来数了！”

可可：“瑶瑶，你数到 15 吧，我们可以站得更久！”

这次数到 15，“木头人”真的都坚持住了。

妍妍：“我也想试试数到 15。”

瑶瑶：“你来数数，我下去挠痒痒，看他们谁能赢！”

可可：“好啊，我们来比赛吧！”

妍妍在旁边数数，瑶瑶去挠痒痒，更多的人笑了！玩了一轮，妍妍和瑶瑶互换角色，继续玩。

教师的思考：幼儿通过游戏，提出新的玩法——一个数数，一个挠痒痒，并且延长了当“木头人”的时间。新玩法增加了游戏的难度和趣味性，让幼儿更专注地投入游戏。

（七）我来画木头人

可可兴致勃勃地和教师说：“老师，我摆木头人姿势很好看，我想给我妈妈看看，能不能请别的小朋友帮我画下来？这样我就可以直接拿给妈妈看了。”教师立刻回应道：“可以啊！”于是幼儿带着画板玩“木头人”游戏。

这阶段我们开展美术活动“木头人”，幼儿已有了画正面人的经验，自然而然就迁移到游戏中来了。

丰丰说：“我来画，你们谁要来比？”思思说：“我也要画，我画得可好看了。”经过商量，一部分人画，一部分人摆姿势。

游戏开始了，念完儿歌，“木头人”摆好姿势以后，“小画家”开始绘画了。没过多长时间，“木头人”开始有意见了。

萱萱：“好了没有啊？我快受不了了，我的手臂很酸了。”

可可：“你们谁画我啊，画好了吗？我也好累啊！”

晨晨：“丰丰，你能画我吗？要记得画我的头发啊！”

妍妍：“我要先画头，再画脚。”

最后摆姿势的人都跑下来看同伴画好了没有。

丰丰：“还没好呢，你们跑下来，我还怎么画啊？”

楠楠：“你们都不摆个简单一点的动作。”

问题出现了，如果摆姿势的人要等到画画的人画好了才能动，那要等好久。

妍妍：“要不，你们先摆好姿势，我们请老师帮我们拍下来，我们再看着照片画吧。”

炫炫：“我觉得这样可以，不然手臂很酸。”

幼儿已经初步掌握了画人的方法，能根据自己的观察，按一定的顺序表现人物特征。虽然幼儿坚持性比较差，但是为了画出有趣的“木头人”，他们积极与同伴交流、合作，并且想出了拍照的好办法。

教师的思考：幼儿喜欢进行艺术活动并大胆表现，教师应该创设机会和条件，支持幼儿自发的艺术表现和创造，将游戏和艺术结合在一起，让幼儿在游戏中获得更多的快乐。幼儿想把自己玩“木头人”的好看姿势带回家和妈妈一起分享，引发了边绘画边游戏的新玩法。幼儿不仅自己玩得很开心，还可以把自己的游戏快乐以图画的形式带回家里和爸爸妈妈分享。

（八）我的木头人最好看

上次画木头人，引起幼儿很大的兴趣，今天幼儿又要求带上画板去玩游戏。

可可："我今天来当模特了，楠楠，你能画我吗？我会摆好看的姿势。"

楠楠："好啊，那你要坚持住哦！"

可可："你要画脖子，我的脖子是很长的，我的手是张开的。"

几分钟以后……

可可："楠楠，你可以快一点吗，我快坚持不住了。"

楠楠："我在画你衣服上的小猫，你可以先把手放下来。"

楠楠："好了，完成了，你看一下。"

可可："你画得好漂亮啊，我挺喜欢的，就是身体有点太胖了，我没有那么胖啊。"

楠楠："没事，我下次再帮你画瘦一点。"

可可："好的，谢谢你！我放学要拿给我妈妈看看我做'木头人'可以摆很好看的姿势。"

婷婷："丰丰，我的脚是这样张开的，你都没有画出来啊！（婷婷边比动作，边纠正图画里的内容和自己的动作不一样）我觉得画得不好看。"

妍妍："晨晨，你觉得我画得好看吗？"

晨晨："我觉得你画得挺好看的，我很喜欢，下次我还要再请你帮我画。"

教师的思考：幼儿初步具备了欣赏美的眼光，喜欢自然界与生活中美的事物，并能够用简单的线条表现同伴的特征，大胆表现美。例如，楠楠为了完善自己的作品，将同伴衣服上的小猫和裤子上的小蝴蝶结都画得特别仔细，表现出了专注、细心、耐心的良好品质。

六、游戏实施小结

"木头人"游戏不需要借助道具，本身玩法也简单，加上朗朗上口的童谣，逐渐成了幼儿喜欢的游戏。幼儿对该游戏兴趣浓厚，玩得投入并且专注，由此绽放出很多令人惊讶且充满创意的精彩瞬间。在组织与指导该游戏活动时，教师的感受主要有以下两点。

一是小班幼儿年龄小，活动中更需要营造适宜的游戏情境。"熊与木头人"的游戏情节符合处于具体形象思维阶段的小班幼儿的年龄特点。传统民间游戏的趣味性，不仅让幼儿更加投入地参与游戏活动，还提高了幼儿在游戏中的坚持性，促进了幼儿多方面的发展。

二是在自由宽松的游戏氛围中，最能展现幼儿丰富的想象力。在“木头人”游戏中，幼儿能够充分调动已有的经验和知识，并在同伴的相互配合与启发下，创编出各种各样的“木头人”姿势。这些各具特色的“木头人”姿势，幼儿并不满意于只通过照片的方式来呈现，他们还大胆挑战自己的能力，尝试采用绘画的方式再现“木头人”，提高了幼儿的自信心和创造力。

第二节　拍　手

一、游戏名称：拍手

二、游戏玩法与规则

玩法：两人一组面对面游戏。游戏时，边念闽南童谣《拍铁哥》边有节奏地左、右手交叉对拍。

规则：要边念童谣边拍手，童谣停止时，结束游戏。

拍铁哥（闽南童谣）

打铁哥，掩铜锣，
挂猪脚，请老伯，
老伯莫嘴齿，
猪肚滚莲籽，
莲籽甜是甜，
豆腐炒豆青，
豆青青幼嫩，
老伯食嘎笑焖焖。

三、游戏对幼儿发展的价值分析

“拍手”游戏不受活动场地的限制，幼儿能在户外活动或餐后自由活动等时间段自由进行游戏，这更能培养幼儿参与活动的兴趣，促进幼儿各方面能力的发展。

健康领域：游戏中，幼儿要根据儿歌的节奏准确地拍到同伴的手，具有一定的挑战性，能很好地促进幼儿手眼协调能力的发展。

语言领域：该游戏对发展幼儿的口头语言表达能力具有特殊的价值，尤其是对小班幼儿，作用更为突出。对小班幼儿来说，首先是要激发他们“说”的愿望。在游戏中，幼儿处于放松的状态，心理上没有压力，可以大胆地说话。其次，“拍手”游戏中的童谣《拍铁哥》趣味性和节奏感较强，朗朗上口，可以激发幼儿的学习兴趣。

社会领域：“拍手”游戏需要幼儿两两合作，与同伴商量，这对促进幼儿交往能力的发展大有裨益。

四、对应《指南》中的学习与发展目标（3～4岁）

领域	《指南》中的学习与发展目标
健康	（二）动作发展 目标 3　手的动作灵活协调
语言	（一）倾听与表达 目标 1　认真听并能听懂常用语言 1. 别人对自己说话时能注意听并做出回应。 2. 能听懂日常会话。 目标 2　愿意讲话并能清楚地表达 4. 能口齿清楚地说儿歌、童谣或复述简短的故事。
社会	（一）人际交往 目标 1　愿意与人交往 1. 愿意和小朋友一起游戏。 目标 2　能与同伴友好相处 1. 想加入同伴的游戏时，能友好地提出请求。 目标 3　具有自尊、自信、自主的表现 1. 能根据自己的兴趣选择游戏或其他活动。 2. 为自己的好行为或活动成果感到高兴。 （二）社会适应 目标 1　喜欢并适应群体生活 1. 对群体活动有兴趣。

五、游戏实施过程与纪录

（一）我们会念闽南童谣

第一次接触闽南童谣《拍铁哥》的时候，押韵而富有节奏的闽南童谣让幼儿听得哈哈大笑。童谣里的“老伯食嘎笑焖焖”，极具趣味性，很受幼儿的喜欢。因为幼儿平时常用普通话交流，对于闽南方言的使用越来越少，所以一听到《拍铁哥》他们就觉得很有趣。虽然还有一些词念不清楚，但是并不影响他们对童谣的喜爱。

在幼儿熟悉童谣《拍铁哥》后，教师让幼儿想想有什么办法可以让童谣念得更有节奏感。幼儿想到了加入拍手的动作，边念童谣边拍手，每一句拍一下。真是个好主意！教师引导幼儿自由交流边拍手边念儿歌后，请几个幼儿展示自己的做法。这时，依依说她有不一样的办法。原来她把玩音乐游戏时的拍手动作加进去了，她的方法是拍一下、摊手一下。依依能想到新的方法，真棒！

教师的思考：学习闽南童谣不仅可以促进幼儿语言能力的发展，同时，对闽南方言也是一种传承。现在幼儿接触和使用方言的机会越来越少，把闽南童谣融入幼儿园活动中，可以让幼儿更好地接触和传承民间文化。依依小朋友能在游戏中创编出不一样的方法，把已有的音乐活动经验迁移到新的游戏中，说明她的能力还是很强的。同时，我们也发现，要不断丰富幼儿的生活经验，特别是小班幼儿，才能使幼儿更好地理解游戏，体验游戏的乐趣。

（二）我拍不到你的手

自由活动时间到了，幼儿自己找朋友，玩起了“拍手”游戏。游戏刚开始的时候，大家都找到了朋友，玩得很开心。但是玩了一会儿，教师看到小怡叉着腰在跟小宇说着什么。教师靠过去，询问了一下情况。小怡说：“小宇拍得太慢了，我拍不到他的手。”教师请他们重新玩一次游戏，看看到底是怎么回事。原来小宇对童谣还不是很熟悉，边念儿歌边交叉拍手，对他来说有点难度。他每念一句都要停顿一下，找一下小怡的手再拍，跟不上小怡的节奏，小怡因此一直拍不到他的手。教师说：“那你们能不能想个简单的拍手办法呢？”小怡想了想，说：“要不然我们两个就拍一样的手吧。”小宇说：“好吧！”说完就试了起来。两人念一句儿歌，自拍一次手，再念一句儿歌，和对方双手互拍一次，反复进行。

很快，他们很快就找到了节奏，玩得很开心。看到他们玩得很开心，教师又进一步引导：“你们还有没有别的办法可以玩这个游戏呢？”小宇想了想，说：“我们可以不要拍手吗？那就不一样啦！我记得我们唱过一首歌《头发、肩膀、膝盖、脚》，里面就有拍肩膀，我们可以拍肩膀玩。”这个想法真不错！教师让他们自己商量一下，新的游戏又开始了，小宇和小怡互相拍肩膀，玩得不亦乐乎。

教师的思考：在之前的游戏中，教师就发现有的幼儿不太容易掌握交叉拍手这个动作。小班幼儿手眼协调能力较弱，要边念儿歌边有节奏地做交叉拍手动作，确实有一定难度。如果没有解决好这个困难，势必会减弱幼儿对游戏的兴趣。游戏是幼儿的天性，要让幼儿有更好的游戏体验，就要根据幼儿的实际情况进行调整。因此，教师引导幼儿降低游戏的难度，不仅保护了幼儿游戏的积极性，还让幼儿尝试自己解决问题。此外，幼儿经验的积累，也是解决困难和丰富游戏的基础。只有丰富了幼儿的经验，幼儿才能有所创新，如小宇小朋友就能把已有的音乐游戏经验——拍肩膀迁移到这个游戏中。

（三）创新游戏真好玩

有了之前游戏的创新，幼儿更喜欢玩这个游戏了。今天，教师发现全全和萱萱玩了很久，且玩得很开心。很多玩“拍手”游戏的幼儿，经常是玩一会儿就交换玩伴，全全和萱萱却玩了很久，这让教师觉得很好奇，便靠近进行观察。只见他们一边念童谣一边拍手，童谣念完了，教师以为游戏要结束了，全全却说：“这次我们不要拍手了，我们碰手腕吧！”萱萱听了马上就同意了，两个人又试着边念童谣边碰手腕，有时候根本没有碰到，他们也不在乎，萱萱反倒很开心。她说：“那我们等下再换一个吧！”两个人商量了一下，又交叉自己的手，同时击掌。萱萱玩得咯咯直笑，全全则很专注地看着两个人的手，以确保游戏时不会出错。

教师的思考：全全是个很有想法的小朋友，他能很快地熟悉游戏玩法，并有所创新。同时他很专注于游戏，从他专注的眼神中，能了解到他对游戏的喜爱。幼儿只有喜欢游戏，才能体验游戏带来的乐趣；幼儿只有喜欢游戏，才能不断创新游戏。和同伴商量创新游戏玩法，不仅能促进幼儿与同伴间的交往，同时也能很好地促进幼儿语言交往能力的发展。在接下来的游戏中，教师将鼓励幼儿更加自主地进行游戏，多引导幼儿和同伴创新游戏。

（四）我想加入你们

今天游戏开始的时候，幼儿已经两两结伴开始玩了。豪豪和谦谦面对面坐在一起，准备开始玩游戏。小怡则坐在他们两个旁边，也跃跃欲试。小怡说："让我们一起玩吧。"但是谦谦并没有回答她。小怡抬起手，边念童谣边拍起了手。她的手要拍两边的幼儿，但是没人回应她。小怡自己念着儿歌，自己玩着。豪豪看到了，说："我们有三个人，不能玩。"

教师的思考：小怡觉得游戏可以三个人同时进行，说明她对这个游戏的玩法有创新的想法。但是豪豪和谦谦没有让小怡加入游戏，因为他们不知道游戏是可以多种形式进行的。接下来，教师可以有针对性地组织幼儿讨论三人及三人以上的游戏玩法，让更多幼儿参与，以不断提高幼儿的游戏水平。

（五）多人游戏真有趣

经过交流、讨论上次游戏情况后，幼儿的游戏水平有了一定的提高。今天，游戏开始时，大部分幼儿已经两两合作，而萱萱、小宇和全全三个则围坐在一起。小宇说："我们三个可以一起玩呀。"萱萱说："好呀好呀，我们就试试三个人玩吧。"说着就准备要一起拍手了，但是因为三人距离较远，拍不到同伴的手。全全说："我们都拍不到，坐近一点吧。"说着就把小椅子往前挪。三个人靠得更近了。他们边念童谣边拍旁边同伴的手，但也只是碰到，并没有拍到手掌。即便这样，三个人还是玩得很尽兴。尝试了几次以后，他们也能拍到同伴的手掌了。全全一直开心地笑着，小宇说："太好玩了，我们还可以碰一碰肩膀呀！"萱萱说："好呀，三个人会不会不好拍呢？"小宇说："我们试一下。"三个人又试着互相拍肩膀，玩得很投入。

教师的思考：小宇对于游戏内容的创新，是之前游戏经验的迁移。幼儿游戏水平的发展，离不开生活经验的积累。在前几次游戏中，幼儿尝试了不同的游戏方法，如拍手、拍肩膀、拍手臂等。在三个人的游戏中，小宇能把之前自己创新过的拍手方法和同伴分享，加入游戏中。游戏中，教师要鼓励幼儿大胆想象、大胆实践，做幼儿游戏的支持者和引导者，这样幼儿的游戏水平才能不断提高。

六、游戏实施小结

组织与指导本游戏的最大感受便是，在游戏活动中，教师善于根据小班幼儿的年龄特点，有的放矢地进行指导，这是游戏得以顺利开展并让幼儿体验游戏乐趣的同时获得有益发展的重要前提。

小班幼儿的手部动作发展不够完善，还未能很好地做到手眼协调。刚开始游戏时，幼儿没办法很快地拍到同伴的手和完成交叉拍手的动作。因此，教师根据幼儿的年龄特点，适时地进行指导，降低了游戏的难度，让幼儿逐步熟悉游戏规则，更好地体验游戏的乐趣。与此同时，教师还通过组织幼儿玩手工、泥工等活动促进幼儿手部动作的发展，提高幼儿的手眼协调能力。

在幼儿充分熟悉了游戏玩法后，幼儿能在原有游戏的基础上有所创新，想到不一样的游戏方法，如拍肩膀、拍手臂等。同时，幼儿由两两游戏发展到多个同伴一起游戏。由此可以看出，只有适合幼儿能力水平的游戏，才能让他们玩得开心、玩得尽兴；幼儿的游戏离不开教师的适时引导，教师要做好幼儿游戏的支持者、引导者，鼓励他们积累更丰富的游戏经验，以得到更好的发展。

第三节　捉迷藏

一、游戏名称：捉迷藏

二、游戏玩法与规则

玩法：若干人一组，在一定范围内游戏，先以"黑白配"或"剪刀石头布”决定追捕者和躲藏者。追捕者双眼被蒙起来，在别人的提示下从1数到20，数数时间内躲藏者寻找躲藏处。数数完成后，追捕者去找躲藏者，最后被找到的人则为下一轮的追捕者。

规则：要在指定的范围内躲藏，不能跑出指定范围。

奕觅偖（闽南童谣）

觅，觅，觅，奕觅偖，
你来觅，我来偖，
大家觅嘎静气气，
我来咯！

三、游戏对幼儿发展的价值分析

“捉迷藏”规则简单、易懂，是幼儿喜欢的游戏之一，尤其是小班幼儿，他们活泼好动，对此更是感兴趣。

健康领域：幼儿要通过快跑的方式寻找适宜躲藏的地方，这有利于促进幼儿下肢大肌肉群的发展，可以帮助幼儿提升快跑能力、体验游戏的乐趣、获得愉悦的情绪体验。

语言领域：通过“我藏在门的后面”“我藏在桌子的底下”等语言描述，有利于幼儿进一步理解与运用前后、里外、上下等常用的方位词。

科学领域：追捕者则通过所捕捉到的声响来辨别躲藏者的空间位置，即听声找人，有利于促进幼儿空间方位辨识能力的发展。

四、对应《指南》中的学习与发展目标（3～4岁）

领域	《指南》中的学习与发展目标
健康	（二）动作发展 目标1　具有一定的平衡能力，动作协调、灵敏 4. 分散跑时能躲避他人的碰撞。 目标2　具有一定的力量和耐力 （三）生活习惯与生活能力 目标3　具备基本的安全知识和自我保护能力

续表

领域	《指南》中的学习与发展目标
社会	（一）人际交往 目标 2　能与同伴友好相处 3. 与同伴发生冲突时，能听从成人的劝解。 目标 3　具有自尊、自信、自主的表现 2. 为自己的好行为或活动成果感到高兴。 （二）社会适应 目标 2　遵守基本的行为规范 1. 在提醒下，能遵守游戏和公共场所的规则。
科学	（二）数学认知 目标 3　感知形状与空间关系 2. 能感知物体基本的空间位置与方位，理解上下、前后、里外等方位词。

五、游戏实施过程与纪录

（一）有趣的《捉迷藏》

今天，洋洋带来了一本绘本《捉迷藏》，讲述了大象和小老鼠玩捉迷藏的故事。几个幼儿阅读的兴趣特别高，认真观察图片，一起帮小老鼠找大象，想着藏哪里才是最安全的……

圆圆："大象藏在浴室里吗？"

洋洋："大象躲在汽车里，可是大象太大了，耳朵、鼻子、尾巴都露出来了。"

悦悦："哈哈，还有一半小屁股呢！"

可可："我也发现了！"

小芳："你看，大象的鼻子和尾巴都让人看到了！它就藏在窗帘后面呢！"

凯凯："老师，我们也玩'捉迷藏'吧。"

洋洋："我会藏！我会藏！"

…………

在绘本阅读中，幼儿能仔细观察画面，畅所欲言，大胆发表自己的见解。幼儿在活动中不仅提高了语言表达能力，还丰富了自己的经验。

教师的思考：绘本《捉迷藏》贴近幼儿的生活，幼儿通过观察图画和理解故事，发展了观察能力（发现大象藏在哪里，从哪里看出来的）、换位思考能力（大象会怎样想、怎样藏）等，并将从绘本中获得的经验（怎样藏才是合适、安全的）迁移到生活和游戏中，引出“捉迷藏”这个经典的民间游戏。

（二）我和爸爸妈妈一起玩“捉迷藏”

受绘本影响，幼儿特别喜欢玩“捉迷藏”，并且在家里也和自己的爸爸妈妈玩了起来。教师借助家长上传的游戏照片，请幼儿在班级一起分享“你在家里是怎么玩‘捉迷藏’的”。

教师：“你们猜，这个是谁呢？”

晨晨：“那个是我，我在和妈妈玩‘捉迷藏’！我躲到窗帘后面，还把窗帘弄成像龙卷风一样呢！妈妈找了好久呢！我藏到桌子底下，把眼睛也捂住，这样妈妈就发现不了了！”

幼儿在游戏时表现得投入、专注，但由于小班幼儿处于具体形象思维阶段，很显然，他们只关注自己是不是看见别人，殊不知捂住眼睛别人一样能看到自己。

教师：“你玩得开不开心呢？”

晨晨：“我和妈妈都玩得很开心！我晚上回去还要再玩！”

教师的思考：“捉迷藏”作为一种历史悠久的民间游戏，很多家长小时候也都玩过，也给他们的童年带来了很多乐趣。随着科技的进步、现代都市化进程的加快，幼儿的游戏变得“高级”起来，曾经广为流传的民间游戏逐渐淡出了幼儿的世界。通过请家长带幼儿一起玩“捉迷藏”，不仅可以增进幼儿和家人的感情，还可以让民间游戏继续传承下去。接下来，我们将通过家园联系，引导家长对幼儿游戏进行记录，发现幼儿的闪光点。

（三）我们一起藏

“捉迷藏”带来的乐趣，让幼儿在户外活动时也自己玩了起来。萱萱说：“我来找，你们去躲起来！”说完，萱萱就开始数数了。其他人赶紧跑去躲藏，有的往小木屋跑，有的躲在滑道下面。宏宏飞快地躲到大型滑梯的钻筒里，这时婷婷、晨晨、洋洋跟着躲到了大型滑梯的钻筒里，虽然很挤，可他们脸上都露出喜悦之情！

小班幼儿好模仿，总喜欢结伴躲藏，或许觉得这样更有安全感吧。他们游戏时重在过程的体验，基本上没有什么竞争意识，无所谓输赢，所以虽然每次游戏躲藏者都很快就被找到了，但是他们依然玩得很开心。

萱萱找了一会儿就找到了，高兴地说："我找到你们了，原来你们都在这边呢！""哈哈……我们出来了！"

婷婷说："轮到我来找了！"这一次，很多人都躲在假山旁边。

教师的思考：由于小班幼儿年龄小，主要以模仿为主，所以看到别人藏在哪里，大家会互相模仿，藏在同一个地方。同时，由于幼儿空间概念模糊，经常只寻找一个遮挡面，觉得只要自己看不见别人，别人就看不见自己了，于是追捕者每次都能迅速地找到所有人。为了更好地发挥"捉迷藏"的教育价值，如培养幼儿的观察力、判断力等，教师在游戏结束后和幼儿进行了谈话，引导幼儿藏在和别人不一样的地方，躲藏时保持安静，要善于用其他道具或场地来遮挡自己。

（四）都找到了吗？

今天，户外活动的地点是在大型滑梯，幼儿自发地玩起了玩"捉迷藏"。大家选可可当追捕者，然后就四散跑开寻找躲避的地点。可可很快就把很多人找出来了，然后又开始接着一轮新的游戏了，如此反复几次。

过了好一会儿，思思哭着从假山里面走了出来，因为她藏在里面等了很久。

思思："我藏在假山那里很久了，你们都没来找我！"

可可："我还以为都找到了呢！"

教师："有什么办法可以知道我们已经把所有人都找到了？"

小蔡："可以数一下！"

教师："嗯，我们下次出来的时候，一人带一把椅子，谁被找到就坐在椅子上，谁没被找到，椅子就空在那儿。这个办法不错！"

教师："那要是像思思这么会藏，找了好久都没找到，怎么办啊？"

可可："我们就大声叫她的名字，请她出来！"

游戏出现了问题，教师及时介入，采用设问讨论法。幼儿在提示下运用已有的生活经验，大胆发表自己的见解，不仅提高了表达能力，还丰富了游戏经验。

大家都觉得这是个好办法，游戏重新开始了……

教师的思考：游戏中幼儿并没有意识到是否将躲藏者全部找到，导致躲藏隐蔽的幼儿被遗忘了。游戏出现了新的问题，教师适时介入，引导幼儿采用椅子找朋友的方法，让参与游戏的幼儿带上小椅子，被找到的幼儿坐到小椅子上，空出位置就说明还有人没被找到。这种一目了然的方法适合小班幼儿直观的思维特点，也避免了一些安全隐患。

（五）你数得太快了

今天，幼儿又转移了游戏阵地，来到了幼儿园后操场。这里除了有绿油油的草地，还有各种各样的果树、沙池、木质玩具、小木屋等，真是个不错的玩“捉迷藏”的地方。游戏准备开始了……

萱萱：“我来数，我来当找的人。”

其他人还没等话音落下，就赶紧去藏了。

萱萱：“1、2、3、4、5、6、7、8、9、10、11、12、20，我数到了，我要来找了！”

萱萱马上跑过去寻找，发现还有很多人还没藏好，一下子都找出来了。

小蔡：“我们都还没藏好呢，你太快了！”

萱萱：“可是我已经数到 20 啦！”

小妍：“你数的不对，要这样数……”

萱萱：“可是我不会啊！妈妈没有教我这么多！”

小妍：“我们可以念童谣啊，老师教了我们好多童谣啊。”

教师：“是啊，老师这里还有一首特别好听的呢，我们待会儿到活动室一起学。”

怎样处理游戏中出现的问题呢？有必要组织一次集中谈话活动，根据幼儿的年龄特点，选择直观形象的童谣帮助幼儿更好地遵守游戏规则。

教师的思考：由于小班幼儿对数字的认识还没有达到 20 那么多，所以很多幼儿不会数到 20，而是跳跃式地数。针对这个情况，活动后教师及时做出调整，根据小班幼儿的年龄特点，结合游戏内容创编了生动有趣、简单易学的闽南童谣《奕觅偖》，引导追捕者在游戏中朗诵好听的童谣，解决了大部分幼儿无法数到 20 的问题。

（六）老师，我有一个好办法

今天，幼儿到户外活动区的大型滑梯玩“捉迷藏”游戏，幼儿都争着抢着要当追捕者。

教师："这么多人都要当，那要怎么办？"

航航："可以用'剪刀石头布'的方法。"

几个幼儿试了一下。

可可："老师，我出剪刀，他们有的出石头，有的出布，这样算谁赢啊？"

教师："那要怎么办？需要我来帮助你们吗？"

可可："老师，我有一个好办法，我们可以像点名那样，边念儿歌边点数。'冬瓜、西瓜、南北瓜，看谁的屁股先开花！'点到最后一个是谁，就让他来当抓的人。"

大家都觉得这是个不错的办法，于是在教师的引导下，大家排成个圆形，用"点兵点将"的方法选出了追捕者——妍妍。游戏愉快地开始了。

教师的思考：本来想要引导幼儿用"黑白配"的方式来选取追捕者，却意外地发现聪明的可可小朋友将在家里姐姐教她的"点兵点将"方法迁移到游戏中，有效地化解了大家都想当追捕者的矛盾。在游戏经验交流与分享时，教师特地请她再次为同伴分享她的好办法，并给予表扬、鼓励。

（七）老师和我一起玩

今天，幼儿又来到他们喜爱的假山旁玩"捉迷藏"，刚开始由琳琳当追捕者。

琳琳："瑶瑶，我找到你了！"

瑶瑶："琳琳，你看小张在那里！萱萱在这边呢！"

琳琳顺着瑶瑶手指的方向找去，一下子都找到了！萱萱很不开心地走了出来。

教师："其实刚才萱萱藏得特别好，可是也一下子被找到了，为什么呀？"

可可："因为瑶瑶偷偷告诉琳琳了。"

教师："是啊，你们说游戏时能不能'告密'呢？先被找到的人，能不能告诉追捕者别人藏在哪里呢？"

可可："不行，人家会不开心的，这样就不好玩了。"

萱萱："对啊，不然琳琳可能都找不到我呢！都是瑶瑶讲的！"

教师："现在老师来当追捕者，老师的眼睛很亮，你们不要提醒我，我肯定都能自己找到的！"

听到老师要和自己一起玩，幼儿很兴奋。游戏开始了，教师假装找不到

幼儿，故意在旁边找了很久。

瑶瑶：“老师，思思藏在……”

教师：“嘘，我的眼睛很亮，我要自己找的。”

瑶瑶马上闭上嘴巴，回到原来躲藏的位置上。

小班幼儿处于平行游戏阶段，他们享受与同伴一起游戏的乐趣，但在游戏时相互间没有明确的分工与合作，目标性不强，大多是根据自己的意愿来游戏的，所以才总是有那么多的“告密者”。

教师的思考：小班幼儿的集体意识比较弱，不懂得如何共同维护自己的队友，反而觉得将自己的发现告诉别人是值得骄傲的行为。教师通过言传身教，直接和幼儿一起玩，并且不断提醒要“告密”的幼儿：“我很棒，我可以靠自己的力量找到。”从而增强幼儿的规则意识，培养幼儿的集体感和竞争意识。我们将会在接下来的活动中，继续引导幼儿帮助同伴不被找到。

（八）我会藏得很好的

今天，幼儿在综合厅玩“捉迷藏”。游戏开始了，所有幼儿全都藏到桌子底下。教师只好停止游戏并引导幼儿讨论。

教师：“刚才老师发现很多人都藏到桌子底下，你们可以先找找还有哪些地方可以藏。”

幼儿去寻找，接着开始了第二次游戏。有部分幼儿藏到其他地方，多数幼儿还是藏在桌子底下。游戏结束后，教师再次引导幼儿讨论。

教师：“小朋友在家里玩的时候还可以藏哪里呢？”

欣欣：“藏在窗帘后面。”

思思：“可是藏在窗帘后面，脚会让人家看见。”

教师：“那有什么办法可以避免？你们待会儿藏的时候可以想想。”

第三次游戏。思思和欣欣还是躲在桌子底下，但是这次他们搬来旁边的小椅子遮挡自己，把头埋得更低了；萱萱藏在钢琴椅子底下，努力想把整个人都藏起来。

教师的思考：小班幼儿在“捉迷藏”的过程中，倾向于模仿同伴，且选择躲藏地点比较随意，导致游戏没有挑战性。教师通过两次讨论，一步步引导幼儿思考如何把自己藏得更好、如何让别人更不容易找到自己。通过一次次游戏，幼儿的观察能力、应变能力得到很大的发展，如萱萱小朋友还懂得了躲在窗帘后时站在窗帘后面的木桩上，不让自己的小脚露出来。

六、游戏实施小结

我国著名儿童教育家陈鹤琴曾经说过：“游戏的直接用处，虽只是寻求快乐，然而间接用处甚大，因为它可以发展孩子的身心，敏捷儿童的感觉，与儿童的生活有莫大之助益。”“捉迷藏”是一种既节省财力又使幼儿感到其乐无穷的游戏，它既能满足幼儿娱乐的需求，也能促进幼儿多方面的发展。

一是将童谣与民间游戏结合。大部分小班幼儿只认识到 5 以内的数字，游戏开展之初要求追捕者从 1 数到 20，难度比较大，多数幼儿难以达到。针对这个情况，教师将数数改为念童谣，不仅降低了游戏难度，更适合这个年龄段的幼儿，而且有利于游戏的进一步开展和民间文化的传承。

二是通过“捉迷藏”稳定幼儿的情绪。让幼儿玩有趣的游戏，有助于幼儿尽快融入集体，对减轻他们的入园焦虑有帮助。心理专家朱建军认为：在能够识别母亲的年龄阶段，儿童就开始喜欢上“藏猫猫”游戏，“藏猫猫”的过程实际是儿童复习和记忆形象的过程。他们让母亲藏起来，自己联想一下母亲的形象，然后再让母亲出现，就可以加深母亲形象的记忆了，就像母亲早上送自己来幼儿园，晚上一定会把自己接回去。这种游戏能够增加幼儿的安全感，即告知幼儿尽管母亲会短暂消失，但终究是会出现的，形成安全依恋。很多家长在家也会和幼儿玩“捉迷藏”，这样幼儿园的活动与家里亲子活动就可以很好地衔接起来，让幼儿有一种熟悉感。

三是教师的参与推动游戏的顺利开展。由于小班幼儿的规则意识比较薄弱，经常出现很多“告密者”，教师通过参与活动，帮助幼儿梳理游戏经验，引导幼儿进一步遵守游戏的玩法和规则。教师的示范与引导，也使幼儿的躲藏技能不断提高。幼儿不仅学会了控制自己的行为，还提升了游戏兴趣和游戏水平。教师的参与是对幼儿游戏的支持和认同，同时还消除了教师和幼儿之前的生疏感。

第三章　中班民间游戏活动组织与指导纪录

第一节　追逐跑

一、游戏的名称：追逐跑（闽南语“冰化”）

二、游戏玩法与规则

玩法：多人游戏，选其中一人当追逐者。游戏开始后，被追逐者在规定的场地内跑，追逐者开始追，当被追逐者快要被捉住时，可以说“冰”，并立即站在原地不动，追逐者便不能再追了，而要改变方向去追其他人，“冰”住的幼儿说“化”后，就可以继续游戏。若被追逐者在说“冰”之前被捉住，则停止游戏一次，或与追逐者更换角色继续游戏。

规则：被追逐者说“冰”后，就必须站在原地不能动，追逐者便停止追捕。“冰”住的人说“化”之后才可以继续游戏。

三、游戏对幼儿发展的价值分析

该游戏规则简单易懂、可变性强。游戏的开展较为方便，只需有相对宽敞的场地、同伴间的相互配合，不需要任何特制的游戏材料，尤其适宜在户外活动、自由活动等时间开展。该游戏主要以发展幼儿奔跑、躲闪能力为主，且具有如下多方面的发展价值。

健康领域：该游戏主要是以奔跑、躲闪、急停为主要动作，能满足幼儿身体活动的需要，有效促进幼儿运动能力的发展。另外，该游戏简便易行，不受材料、时间的限制，为幼儿运动能力的发展提供了充分的练习机会，使幼儿在快乐的游戏中发展了运动能力。

社会领域：游戏时，幼儿要积极主动地想办法去避开追捕者，且在“冰”住的时候要趁追捕者不注意时赶紧“化”了跑开。他们带着愉快的情绪参与游戏，有了良好的情绪体验；通过亲身体验，知道了遵守规则才能享受快乐游戏的道理，感受遵守规则的重要性。

四、对应《指南》中的学习与发展目标（4～5岁）

领域	《指南》中的学习与发展目标
健康	（二）动作发展 目标1　具有一定的平衡能力，动作协调、灵敏
社会	（一）人际交往 目标2　能与同伴友好相处 3. 与同伴发生冲突时，能在他人帮助下和平解决。 4. 活动时愿意接受同伴的意见和建议。 目标3　具有自尊、自信、自主的表现 4. 敢于尝试有一定难度的活动和任务。

五、游戏实施过程与纪录

（一）对“冰化”游戏的理解

在开展“冰化”游戏活动之前，师幼进行了一场有趣的谈话。

教师：“你们看过冰吗？你们知道冰融化后会怎样吗？”

凡凡：“看过啊，冰箱里会结冰，冰块离开冰箱一会儿就变成水了。”

铭铭：“我们吃的冰棍就是冰块变成的，冰棍到我们的嘴里也会融化的。”

智智：“冰在太阳的照射下也会融化的。”

洋洋：“冰放在火里也会融化的，融化后就变成水蒸气了。”

教师：“那你们玩过‘冰化’的游戏吗？你们觉得‘冰化’游戏可以怎么玩？”

从认识冰过渡到“冰化”游戏，教师引导幼儿从自己的角度来理解游戏的名称和玩法，通过幼儿自己直观的理解激发他们游戏的欲望。

航航：“老师说‘结冰’，我们马上不动；说‘融化’，我们就开始动。”

坡坡：“我们要跑起来才好玩，可以一个人抓，其他人跑。说‘结冰’的

金教鞭

时候就站着不动，说‘融化’的时候就可以跑。”

琪琪：“对对对，喊‘冰’的人是一颗‘小水滴’，抓的人是一个口渴想喝水的人，于是就想抓住‘小水滴’来解渴，抓的人可以叫作‘抓水人’。”

教师：“那抓的人什么时候不能去抓‘小水滴’，‘小水滴’什么时候才能跑？”

晴晴：“‘小水滴’喊‘冰’的时候就不能动，‘抓水人’也不能去抓；‘小水滴’喊‘化’的时候才能跑，‘抓水人’才能去抓。”

幼儿畅所欲言，阐述自己对“冰化”游戏的最初理解。教师给幼儿提供充足的时间讲述，而不是直接把游戏玩法教给幼儿，体现幼儿学习的自主性。

谈话结束后，幼儿便开始商议并玩起了“冰化”游戏。他们先用“顶锅盖”的方法选出“抓水人”。萱萱当“抓水人”，其他人当“小水滴”。“小水滴”们很快就进入游戏状态，当萱萱要靠近他们的时候都能迅速地将自己“冰”住。熔熔在萱萱的后面正想要逗萱萱的时候，萱萱一转身就碰到熔熔了。坡坡说：“哈哈，熔熔，轮到你当‘抓水人’了。”熔熔听到坡坡在叫，一下子就冲到了他的面前，坡坡快速地将自己“冰”住了。熔熔转身要去抓其他人的时候，其他幼儿都纷纷“冰”住了。可是坡坡又“化”了。熔熔就满场追着坡坡跑，坡坡害怕被熔熔抓住，就赶紧“冰”住了。这时候，熔熔就一直守着坡坡，等他说“化”，好抓住他。

其他参与游戏的幼儿故意靠近熔熔，挑逗他说：“来呀，来抓我呀！”熔熔一直守着坡坡不去抓其他人，越来越多的幼儿故意靠近熔熔，不断挑逗熔熔。当熔熔反应过来要将他们抓住的时候，“小水滴”们迅速地“冰”住了。

熔熔想要抓住坡坡，就一直守着坡坡，而不去关注旁边的同伴。可见，他比较执着，对于心中想抓住的人很明确。幼儿通过观察“抓水人”，大胆地挑逗对方，让“抓水人”注意到自己并进行追逐跑，体验游戏的乐趣。

教师的思考：该游戏的组织过程充分体现了幼儿学习的自主性，教师提供了充分的时间和空间，让幼儿从自己的角度来阐述对“冰化”游戏的最初理解，幼儿能畅所欲言……从该细节中，我们深深地感受到幼儿是有能力的学习者，而教师则是幼儿主动学习背后的支持者、引导者，可见教师的教育策略和方法对幼儿的自我成长起着一定的推动作用。

（二）游戏为什么终止了？

“冰化”游戏在“民间游戏城”又开始了，只见抓的人一直跑，被抓的人嘴里喊着“冰”，等抓的人走远一点点，马上喊“化”，又继续走动。参与的人很多，游戏城场地很大，很难抓到人。抓的人就开始不爱跑了，说：“太累了，不跑了。”

教师：“你们怎么不玩了？”

宸宸：“这里太大了，人又太多了，大家都跑来跑去，抓不到人，太累了，不好玩。”

教师：“那你们想想可以用什么办法解决。”

宸宸：“我们不能这么多人一起玩。”

琪琪：“可是人多才有意思啊！”

教师：“场地确实太大了，那你们是不是可以规划一下场地呢？”

源源：“这个办法不错，那我们就规定不能跑到那边去吧。”

宸宸：“瞧，地上刚好有黑色的砖，那我们就在这块黑色的地板上玩吧。”

大家都拍手叫好，于是他们又开始了游戏。这次有了场地的限制，幼儿在规定的场地内跑动，抓的人也就没那么辛苦了，抓起人来容易多了。

教师的思考：“冰化”游戏是一项追逐跑的游戏，在游戏中，幼儿通过加快速度可以抓住对方从而获得成就感。在活动一开始的时候，幼儿因为害怕自己被抓住在整个游戏城跑，让追逐者一直抓不到人，大家都跑得很累，导致没人愿意当追逐者，游戏终止了。为了使游戏能够继续进行下去，教师适时介入，引导幼儿对“游戏场地太大”的问题进行讨论，引出规划场地的方法。在教师的帮助下，幼儿解决了问题，又开心地游戏了。

（三）怎样抓才能更公平？

又到了户外活动时间。今天，幼儿到菜园进行浇水活动。一到菜园里，幼儿发现菜园里的地湿润润的，原来昨天下了场雨，所以今天的浇水活动就取消了。相相自发地组织几个幼儿一起在空地上玩起了“冰化”游戏。

游戏开始后，相相抓，其他幼儿跑。相相从小在大羽村长大，练过白鹤拳，动作十分敏捷，他一下子就抓住了航航。在大家不知情的情况下，航航一转身又抓住了禹禹，但是禹禹不服输。

禹禹：“刚才不是相相抓吗？什么时候变成航航抓啦？我们大家都不知道啊，这样抓人不公平。”

枰枰：“是啊，我们都不知道换人抓了。”

相相："那我们想个公平的办法吧。"

禹禹："如果换人抓了，就要告诉大家。"

相相："对，每次被人抓到后，就要大声告诉大家：'轮到我抓了，你们准备好了吗？'"

大家一致认为这个方法不错，就由航航重新开始抓人。只听他大声说："轮到我抓了，你们准备好了吗？"幼儿又开心地游戏了……

教师的思考：幼儿能根据已有经验选择合适的场地自发地组织游戏，足见民间游戏的魅力。在游戏的时候，因为追逐者更换频率太快，导致部分幼儿不知道轮到谁抓人，游戏被迫中止。幼儿针对怎样抓人才能更公平的问题，想出一个合理的办法来解决问题，使游戏得以顺利进行。幼儿在游戏中讨论出来的游戏规则和表现出来自主解决问题的能力，值得肯定。

（四）我和女儿开心地玩游戏（引自鋆鋆妈妈的叙述）

在家跟女儿鋆鋆一起玩"冰化"游戏，勾起了我的许多童年回忆。小时候，"跳皮筋""跳房子""冰化"这些游戏伴随着我们成长，给我们的童年带来了很多乐趣。

老师在班级群上传"冰化"游戏的玩法及规则时，我觉得班级开展这个活动非常好。这个游戏适合多人玩，鋆鋆就约邻居家的姐姐一起玩。鋆鋆说她喜欢当跑的人，可以"冰"，别人就捉不到了，"化"下又可以跑。玩了几次以后，她在我的鼓励下也试着当追逐者，感到非常快乐。

在和女儿一起游戏的过程中，我深深地了解了和孩子一起游戏能给他们带来快乐，体会到陪孩子一起游戏有多重要。随着生活水平的提高，我们的孩子物质生活比较丰富，他们更需要家长的陪伴。孩子的父亲常年在外打工，一个月才回家一次，和孩子在一起的时间很少。作为妈妈，我会用宝贵的时间和精力来陪伴孩子一起成长，让她健康快乐地成长是我的最大心愿。

教师的思考：把游戏玩法及规则传给家长看，请幼儿回家与家里人一起玩这个游戏，不仅让幼儿有任务意识，进一步熟悉游戏玩法及规则，更重要的是，在游戏过程中，亲子之间变得更为亲密。家长开始重新审视与幼儿的亲子关系，了解了陪伴的重要性。

（五）游戏新玩法：一人抓变两人抓

玩"顶锅盖"时雅雅反应比别人慢半拍，被抓住了手指头，于是轮到她当追逐者。她一开始还没进入状态，慢慢地走着，幼儿就故意靠近她，挑逗雅雅，让她来抓人，雅雅连续抓了几个都没有抓住。宸宸正想挑逗雅雅的时候，雅雅一个转身碰到了宸宸。雅雅高兴地叫起来：“我抓到宸宸了，我抓到宸宸了，轮到宸宸抓人了。”可是宸宸说：“我不懂得玩。”智智自告奋勇地说：“那我教你吧。”于是就出现了两个追逐者。

宸宸小朋友说不会玩时，智智主动地说：“那我教你吧。”同伴之间的友情很融洽，能互助互学。游戏在幼儿互助互学中演变成两个人抓的不同玩法。

这下游戏场上更热闹了。原来一个人抓，跑的人被抓到的概率小，比较安全，现在换两个人抓，他们分头抓，跑的人很辛苦，忙得不可开交，气喘吁吁的。游戏场上“冰”的声音一直在回荡着，而“化”的声音却寥寥无几，但大家依然开心地笑着、玩着……

教师的思考：幼儿在游戏的互助互学中演变了游戏的玩法，由一个人抓变成了两个人抓。显然，两个人抓对于被追逐者来说，增加了游戏的难度，要避开两个人，跑的时候更辛苦，从而增强了幼儿的敏捷性；对于追逐者来说则容易了，两个人分头同时抓人，更容易抓到人。幼儿在游戏中的表现总是会让成人感到意外和惊喜，我们期待着他们在游戏中更精彩的表现。

（六）我们来制作游戏约定

尽管游戏开展了一段时间，但在游戏的时候还是有个别幼儿不知道怎么遵守游戏规则，他们在“冰”的时候还会走动。回到教室分享游戏的时候，教师组织讨论：有些小朋友游戏时不懂得遵守游戏规则，怎么办？

宸宸：“我们可以教那些不懂得规则的人。”

坡坡：“可是，我们也要玩，一直教的话会很辛苦。”

教师：“我们除了用嘴巴教，还有没有什么更好的办法呢？”

航航：“我们可以将玩法画下来，像我们的进区约定那样。”

幼儿都觉得航航的办法是个好办法。

琪琪：“可是要画好多的人，那样子会乱掉的，也看不清楚。”

睿睿：“那我们画简单一点的人，用简单的线条表示一下。”

航航：“那我们就在美工区画吧，到时候看谁画得比较好看，我们就用谁的图画来表示。”

于是，幼儿到美工区开始设计游戏规则，他们很投入地画起来了。设计完毕后，幼儿就开始讨论起来了，他们都觉得自己设计得很好、很合理。每个人都拿着自己设计的图要教师贴起来。教师组织全班幼儿坐下来一起讨论，看看谁画得比较合理。

宸宸觉得自己画得很完整。开始介绍起来："这个是抓的人，这些是在跑的人，抓的人抓住了一个，其他人都跑走了。这样就换成另一个人来抓了。"含含也不甘示弱地站起来说："宸宸画的人又小又多，我都看不清楚了，也没有画出'化'的人。"琪琪也开始介绍了，她拿出一张张画好的图开始按顺序介绍："先'顶锅盖'定出这个是抓的人。这些是被抓的人，这个人'冰'住了。有的人往这边跑，有的人往那边跑，这样跑起来的时候才不会挤在一起。这个'冰'住的人又'化'了。"本来幼儿都看不懂，被她这样介绍一下，都觉得她画得挺有道理的。于是大部分人同意用琪琪设计的图画来表现游戏约定——"我的游戏我做主"。

教师的思考：幼儿游戏时出现了不遵守游戏规则的现象，教师及时组织幼儿讨论，和幼儿一起梳理制作游戏约定的方法。由于有讨论作为铺垫，幼儿在表现游戏约定的时候目的明确，能用图画清楚地表达出自己的想法，他们乐意跟同伴交流自己设计的游戏约定，并通过自主介绍、公平选择，最后定出最佳游戏约定——"我的游戏我做主"。

（七）我的游戏我做主

连续下了好几天的雨，幼儿只能在活动室玩一些较安静的民间游戏。今天出太阳了，幼儿一个个跃跃欲试，迫不及待地想到操场玩"冰化"游戏。他们带上自己商量制订的"我的游我做主"的游戏约定来到了操场上。游戏前，他们对着游戏约定又重新讨论了游戏规则……

航航："上次玩游戏时，洋洋嘴里说'冰'了，但是他还动了，这次如果还这样他就犯规了。"

其实教师也发现了航航小朋友发现的问题，但是，教师没有介入，而是等待幼儿自己去解决问题。教师相信幼儿，留给幼儿自己解决问题的机会。

宸宸："是啊，游戏时说'冰'就不能再动了，如果动了就要轮到他抓别人了。"

煜煜："没错，我们要说'化'的时候才能再走动。"

琪琪："如果动了，也可以罚他停止游戏一次。"

幼儿对着游戏约定展开了热烈的讨论……

讨论完，幼儿开始游戏。他们先“顶锅盖”，决出追逐者宸宸，其他人当被追逐者，在玩的过程中，只听到航航说：“老师，我发现了问题。”教师在旁边会意地一笑：“是吗？你发现了什么问题？相信你可以解决的。”

只见航航急匆匆地走到鸿鸿面前：“鸿鸿，你违反了游戏规则了，你‘冰’住还动了，你必须停止游戏一次或者换你来抓人。”鸿鸿不想停止游戏一次，他选择交换角色，由他当追逐者。

第二轮游戏开始了，这次换鸿鸿来抓，大家又开心地跑起来了，当鸿鸿快抓到航航时，航航及时喊“冰”并比了一个帅气的动作。其他幼儿看见了，也模仿着，“冰”住的时候做出了不同的造型。

幼儿的创意无限，只要教师多给幼儿游戏的空间，他们就能呈现出大人意想不到的游戏效果。瞧，他们的造型多漂亮！

第三轮游戏开始了，操场上洋溢着幼儿游戏时的欢声笑语。幼儿激烈的游戏，吸引了大班的哥哥姐姐。他们原本在玩“老鹰捉小鸡”的游戏，看着弟弟妹妹的游戏，他们也不由自主地加入了。刚开始他们不知道怎么玩，航航还当起了小老师，教哥哥姐姐玩，操场上更热闹了……

教师的思考：在“冰化”游戏的组织与推进中，幼儿自主商量制订了“我的游戏我做主”的游戏约定。在游戏时，幼儿互相监督，共同遵守。通过亲身体验，幼儿感受到遵守游戏规则的重要性，享受遵守规则带来的快乐。游戏中，幼儿自由选择同伴，相互学习、相互交流、相互评价，带着愉快的情绪参与游戏，有了良好的情绪体验。

六、游戏实施小结

“冰化”游戏主要是提高幼儿下肢走、跑能力和躲闪能力。幼儿对“冰化”游戏表现出了浓厚的兴趣，他们熟悉了游戏的玩法、规则并能运用自如。游戏中，幼儿的脸上洋溢着灿烂的笑容。通过游戏，幼儿的动作技能及社会交往能力得到了发展，主要表现在以下三个方面。

一是幼儿的动作得到了发展。这个游戏主要是锻炼幼儿的四散跑和躲闪的能力，游戏中幼儿的跑和躲闪发展了他们的动作协调能力和灵敏性，同时提高了他们的心肌收缩力，使脉搏输出量增加，促进心血管的正常发育。

二是幼儿的交往能力得到发展。幼儿的交往主要是在游戏中通过观察和模仿潜移默化地发展起来的。幼儿喜欢和同伴一起游戏，有些幼儿甚至因为游戏成了好朋友。他们在游戏中更乐于接受同伴的意见和建议，遵守游戏的规则。在宽松的交往过程中，幼儿敢说、喜欢说，同时也促进了他们语言能力的发展。

三是幼儿的创造性得到了发展。游戏中，幼儿除了基本的跑、追之外，还有趣地变出各种不同的定型动作，展现了幼儿对肢体的控制能力。他们还创新了游戏玩法，由一人抓演变成两人抓，增加了游戏的挑战性……这些创造性的变化，使游戏更具有娱乐性，寓教于乐，让幼儿在“玩中学，学中玩”。

第二节　三人套圈

一、游戏名称：三人套圈

二、游戏玩法与规则

玩法：三人一组，边念闽南童谣《翻人仔》边游戏。幼儿伸出双手，其中两名幼儿右手在上、左手在下，第三名幼儿左手在上、右手在下，即只要两名幼儿手势一致，第三名幼儿与之相反即可。三名幼儿的手相互抓在一起，搭在最上面的两名幼儿将手抬高从第三名幼儿头上往后套，边套边蹲下来；被套的幼儿脚往后从圈内跨出来即可解套，解套后再套另外一名幼儿。三人依次套圈。

规则：在套圈的过程中，幼儿拉着的手不能放开。套进去的幼儿出来时必须从后面跨出来。

翻人仔（闽南童谣）

翻人仔，翻雨伞，大家起来看。
看什么，看海水。
海水淹上山，双脚站马湾，
马湾好剔佗驹，杜着老公婆，
公婆无嘴齿，猪肚磙莲籽，
莲籽脆漠漠，火萤包火纸，
火纸裹下溪，庵昧铥水鸡，
水鸡扣扣跳，庵昧死翘翘。

三、游戏对幼儿发展的价值分析

"三人套圈"这个民间游戏，可随时随地开展。游戏的灵活度很高，玩法简单、多变，能保证幼儿游戏的自主性，激发幼儿的游戏热情，促进幼儿手脚、手眼的协调性和灵活性。该游戏不仅能让幼儿获得快乐和发展，还能培养幼儿团结合作、喜欢探究等良好的学习品质，具有多方面的发展价值。

健康领域：该游戏能很好地发展幼儿的身体平衡能力和协调能力，从而促进幼儿动作协调性和灵活性的发展。游戏时幼儿需要动作灵活、协调，并与同伴默契配合，才能快速顺利地完成套圈和解套，保证游戏的顺利进行。

语言领域：在游戏中融入民间童谣，一方面能增添游戏的趣味性，让幼儿在浓郁的民间文化氛围中感受方言的独特魅力，在学习方言的过程中提高幼儿的口语表达能力；另一方面能加强幼儿对民间文化的了解，让幼儿在优秀民间文化的浸润中提高文化素养，培养幼儿热爱家乡、热爱祖国的高尚情操。

社会领域：游戏时，如果有人套的顺序错了，便会出现摔倒的现象；如果有人不遵守游戏规则，便会影响整个游戏的进行。所以，幼儿要严格遵守游戏规则，坚持游戏的顺序。通过游戏，幼儿的自制力、坚持性得到了加强。要使游戏顺利进行，同伴间必须互相配合、协调一致，因此，幼儿的集体意识和合作意识也得到培养，懂得要关心集体、关心他人。

四、对应《指南》中的学习与发展目标（4～5岁）

领域	《指南》中的学习与发展目标
健康	（二）动作发展 目标1　具有一定的平衡能力，动作协调、灵敏
语言	（一）倾听与表达 目标2　愿意讲话并能清楚地表达 1. 愿意与他人交谈，喜欢谈论自己感兴趣的话题。 4. 讲述比较连贯。 目标3　具有文明的语言习惯 1. 别人对自己讲话时能回应。
社会	（一）人际交往 目标1　愿意与人交往 1. 喜欢和小朋友一起游戏，有经常一起玩的小伙伴。 目标2　能与同伴友好相处 4. 活动时愿意接受同伴的意见和建议。 目标3　具有自尊、自信、自主的表现 1. 能按自己的想法进行游戏或其他活动。 4. 敢于尝试有一定难度的活动和任务。 （二）社会适应 目标2　遵守基本的行为规范 1. 感受规则的意义，并能基本遵守规则。

五、游戏实施过程与纪录

（一）看图示自发玩起“三人套圈”游戏

幼儿期待的“民间游戏城”活动时间又到了。早上，幼儿入园比平时准时，连经常迟到的小灵也早早来到了幼儿园，他兴奋地说：“哈哈，今天，轮到我们班到‘民间游戏城’玩了哦！”

幼儿在教师的带领下陆陆续续来到“民间游戏城”，三五成群地在一起商量。他们商量后就开始游戏了，“老鹰抓小鸡”“抬轿子”“拍纸壳”“丢手绢”……幼儿自主地玩着自己喜欢的游戏。

教师在旁边静静地观察着，角落的几个幼儿吸引了教师的注意。只见静静、小灵、梓梓、滢滢等几个幼儿凑在一起，他们目不转睛地看着墙壁上“三人套圈”的游戏图示并研究了起来，时不时还用手比画着。

不一会儿，他们便拉起了同伴的小手套了起来，但好像没有成功。户外活动时间结束了，幼儿依依不舍地回到了活动室。他们还自言自语着：“回到活动室，我们再试试到底怎样才能套成功。”

幼儿看到“三人套圈”图示，深深地被这简单又有趣的民间游戏所吸引。他们自发地比画着小手学了起来，虽然第一次没有成功，但幼儿的兴趣似乎没有减弱，他们商量着回活动室再试试，期待着成功。

回到活动室后，教师在小结户外活动情况时，特地将静静、小灵、梓梓、滢滢等几个幼儿看图示学游戏的情况告诉幼儿，并请他们演示自己是怎样玩的。由于幼儿刚刚接触这个游戏，对图示的步骤还不是很了解，尝试了几次都没有成功。后来教师与几个能力较强的幼儿进行了演示。几次尝试后，他们发现了游戏的诀窍：拉手的三个人必须将双手交叉，两人右手在上、左手在下，一人左手在上、右手在下，两两握好。在套圈的过程中，拉着的手不能放开，套进去的人出来时必须从后面跨出来。但在游戏中很多幼儿分不清左右手，经过幼儿的协商，他们决定在手上贴上小红花贴图作为记号，以便游戏时提醒自己手怎么放，便于游戏的开展。在小红花贴图的提醒下，幼儿很快地掌握了游戏方法，走廊上回荡着幼儿游戏时的欢声笑语……

教师的思考：此次户外民间游戏中，教师发现几个幼儿被“三人套圈”的游戏图示所吸引，并尝试照着图示做游戏。可见，良好的环境创设能有效地激发幼儿学习与探究的兴趣。教师捕捉到幼儿的兴趣后，在集体经验交流时及时在全班分享，引起了全班幼儿的关注。在教师的有效指导下，已经有部分幼儿学会了“三人套圈”游戏。

（二）怎样才能分清左右手呢?

这学期，早操融入了“三人套圈”游戏，幼儿对这种形式很感兴趣。教师讲述了基本玩法后，幼儿开始合作玩起“三人套圈”。

教师：“刚才玩这个新游戏的时候，你们有遇到什么问题吗?”

晨晨：“我刚才和佳佳、航航一起玩的，可是我们的手一直抬不起来，怎么办?”

教师："谁有解决的办法吗？"

煊煊："你们可以交换一下站的位置。"

教师："那请你帮他们调整一下，看你的方法行不行。"

思思："可以放开，重新交换手。"（试过思思的办法，还是出现了同样的问题。）

宏宏："你们可以交换其他朋友试一试。"

教师："我们都有两只小手，一只是拿汤匙（右手）的，一只是扶碗（左手）的。你们和你的朋友试试，要哪一只手在上面才能成功呢？"

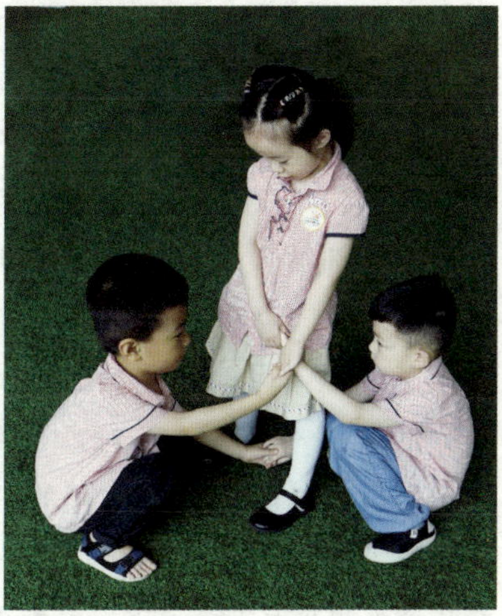

航航："我的是拿汤匙的手在上面。"

晨晨："我也是拿汤匙的手放在上面。"

欣欣："可是我们的手动不了啊，要不我们换一下，把扶碗的手放上面。"

教师："哪一只手放上面可以成功呢？"

欣欣："刚才我们三个都是把拿汤匙的手放在上面，还是不能动，我们其中两个换成把扶碗的手放在上面就可以了。"

第二次尝试的时候，晨晨没有换手，另外两名幼儿换手，他们成功了。从刚开始的手一直打结，频繁地放弃，到后面每个人的嘴角露出开心的笑容，他们体验到游戏的快乐和解决问题的成就感。

教师的思考：第一次玩"三人套圈"，很多幼儿出现了手打结的现象，动不了，没办法去套别人。刚开始他们采用直接放开的解决办法。教师及时介入，引导幼儿进行思考如何才能让游戏继续。对于刚上中班的幼儿来说，他们还不太会区分左右。教师结合生活常识，引导幼儿采用分辨拿汤匙、扶碗的两手来区分左右。部分能力比较强的幼儿能理解，有部分幼儿还是不太理解。教师将会在接下来的活动中，通过其他方式，如戴手环等，让幼儿区分左右手，减少手打结的现象。

（三）尝试戴手环分左右

针对不懂如何搭手玩"三人套圈"的幼儿，教师组织了一次小组活动。

教师："你们看，这几个小朋友在玩'三人套圈'，出现手不能动的现象，你们有什么办法帮助他们吗？"

晗晗：“可以把手放开，重新来。”

教师：“可是老师发现有的小朋友试了几次，还是没搭成功，直接就不玩了，那要怎么办？”

晗晗：“他们是不知道手怎么放。”

教师：“老师今天要来帮帮这些小朋友。老师这里有漂亮的手环，你们待会儿可以戴在拿汤匙的那只手上。”

晨晨：“健健，你戴错了，应该戴在这只手。”（晨晨自己是戴在左手上。）

健健：“是吗？我跟楠楠戴的一样啊。”

楠楠：“那我们换一下，和晨晨一样。”

健健：“老师，到底要戴在哪边啊？”

教师：“你可以假装自己面前有一碗饭，你要用哪只手拿汤匙呢？”

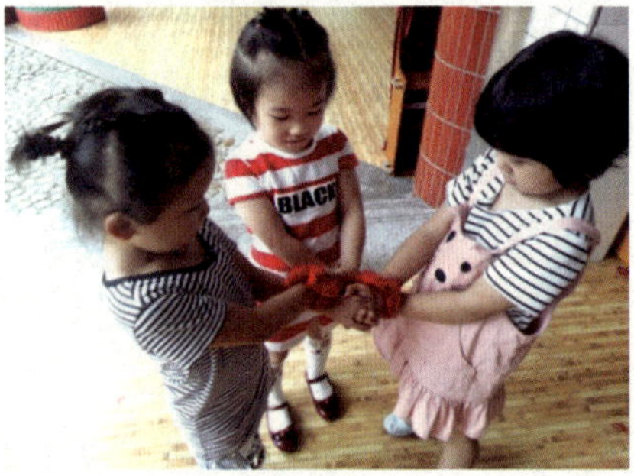

教师：“试试看，搭好的手，几个手环可以全部被看到，几个被挡住了。”

瑄瑄：“可以看到一个，其他两个被挡住了。”

瑶瑶：“不对，不对，是两个，我刚才和晨晨玩的时候就是这样的。”

教师：“那到底应该看到几个呢？我们请几个小朋友上来试一下，看看可以看到几个手环、有几个手环被挡住了？”

瑶瑶：“可以看到两个手环，一个被瑄瑄挡住了。”

瑄瑄：“这样我们的手就可以动了。”

教师：“你们看，他们可以看到两个手环，说明玩游戏搭手的时候，有两个小朋友的右手是在上面的，有一个手环被挡住了，说明另外一个小朋友是左手在上面的。你们以后玩游戏，只要有两个小朋友搭的一样，另外一个不一样，手就可以动了。”

教师的思考：在引入手环让幼儿进行佩戴时，教师提示将手环戴在拿汤匙的手上，幼儿不太理解，互相模仿，对后面造成一定影响。初次使用手环，幼儿在进行搭手的时候，未能注意到手环对游戏的作用，只是将其当作手上的装饰物。当再次出现手不能动的问题时，幼儿还是直接放开，重新搭。是否由于手环过大，遮挡没有那么明显，影响幼儿的判断？针对这个问题，教师将会在接下来的活动中，利用手贴红花贴图的方式进行再次尝试。

（四）我们会边玩边唱歌

玩了几次“三人套圈”，不少幼儿套几次之后，就被旁边其他东西吸引了，只有三个幼儿一直坚持着，而且玩得特别开心。

航航：“我们可以加快套圈的速度。”

思思：“我们也可以先拉手转三圈，然后接着套，就看你们行不行了。”

婷婷：“我们也可以边唱歌边套圈啊。”

说完，婷婷唱起了《我们是中班的小朋友》这首歌，其他两个人也跟着唱了起来，玩得非常开心。

教师：“刚才老师发现航航、思思、婷婷‘三人套圈’玩了很久，并且玩得可开心了。我们请他们来分享一下为什么玩得这么开心。”

婷婷：“我们边玩边唱歌，这样就不会无聊了。”

航航：“我们三个手抓得很紧，套得特别快。”

教师：“他们边玩边唱歌，而且根据歌曲套得越来越快，真的很有趣！下次小朋友也可以试试他们的新玩法。”

教师的思考：航航、思思、婷婷学习能力比较强，很快就学会了玩“三人套圈”游戏，可他们并不满足于只是单调地循环套圈，而是自主创新，给游戏增加新的内容。他们加大游戏难度，提升了套圈的速度，并且把自己喜欢的歌加到游戏里面，使游戏内容更丰富，增加了游戏乐趣。在经验交流时，教师请这三名幼儿分享了自己的新玩法。“三人套圈”游戏，一上一下，和闽南童谣《翻人仔》节奏相符合。为了增加游戏的趣味性，我们接下来将会指导幼儿学习闽南童谣《翻人仔》。

（五）我和爸爸妈妈玩“三人套圈”游戏（引自超超妈妈的记录）

超超宝贝一放学回来就兴奋地喊着：“妈妈，妈妈，今天我们幼儿园玩了一个好玩的游戏，叫‘三人套圈’。老师说了，晚上回家可以和爸爸妈妈一起玩这个好玩的游戏。你们和我一起玩吧，我来教你们。”吃完晚饭，我们便玩起了亲子游戏“三人套圈”。超超宝贝像个小老师，有模有样地教着：“你们先伸出双手，两手交叉，右手在上面，左手在下面，然后，我们三个人的手抓在一起，每一次只能套一个人，先套妈妈，再套爸爸，最后套我。”说完，就开始手把手教我们怎么抓住手、怎么套。超超爸爸人高马大，在玩的时候出现了问题，爸爸套不进去，宝贝走不出来。超超宝贝急了："爸爸，爸爸，你要蹲低一点我才能套到你，你要蹲下去，我才走得出来。"经过几轮磨合，我们三个也越来越默契，超超宝贝还骄傲地说："我这个小老师厉害吧！"脸上洋溢着成功的喜悦。

我们家长整天都在忙碌着自己的事情，真的没有花太多时间和孩子快快乐乐地做游戏、真心地和孩子交流、倾听孩子的想法。感谢老师给我们创造机会和孩子一起游戏。我们今后会多多配合幼儿园的工作，多与孩子沟通、交流，多陪伴孩子，和孩子一起游戏、一起成长！

教师的思考：现在的幼儿以独生子女居多，生活中幼儿缺乏游戏的伙伴。其实，父母也可以充当幼儿游戏的玩伴，而亲子游戏便是一个很好的途径。然而，在现代家庭中，很多年轻家长缺乏陪伴幼儿的想法和方法。为此，我们将民间游戏作为科学家教指导的切入口，运用各种手段推广到每个家庭中，这样既发展了幼儿各方面的能力，又融洽了亲子感情。同时，亲子民间游戏还可以培养家长与教师、家长与幼儿的合作意识，进一步挖掘和利用家庭、社区的教育资源，增强家长参与幼儿园教育和管理的意识，提高家长的合作意识和教育能力。我们要大力挖掘、推广和创新亲子民间游戏，有效地组织适合家庭开展的活动，以弥补独生子女缺乏游戏伙伴的不足，给幼儿一个充分发展个性的天地，让幼儿在游戏中学习，挖掘潜能，发展智力。

（六）哥哥姐姐教我玩"多人套圈"

游戏进行了一段时间，幼儿开始有让更多人一起玩套圈的想法，只是不知道应该怎么套。针对这个问题，教师请了几个大班幼儿当小老师，教中班幼儿怎么玩。

教师："老师上次发现，有小朋友想玩多人套圈，可是不知道应该怎么套。今天我请了几个大班的哥哥姐姐，他们会很多本领，让这些哥哥姐姐教你们吧。"

小小（大班）："我们会四人套圈。"

明明（大班）："我还玩过五人套圈的，要不我们先玩给你们看一下吧。"

婷婷："他们好厉害啊，我也想试试。"

霖霖（大班）："我来教你们玩，我们需要四个人，你们把手搭起来，我和你们一起套。"

霖霖（大班）："我觉得，你们已经玩得很不错了，现在我站在旁边教你们，你们四个玩给我看，看对不对。”

婷婷：“我们已经会玩四人套圈了，哥哥姐姐可以教我们五人套圈吗？”

明明（大班）：“那个比较难，因为人太多，有点挤。”

小小（大班）：“我们可以试一试啊，就是手要拉得很紧，不然很容易就断开了。”

捷捷：“好挤啊，我都快被压扁了。”

教师：“小朋友，你们是喜欢‘三人套圈’呢，还是‘多人套圈’呢？”

宏宏：“我喜欢‘多人套圈’，因为‘多人套圈’比较有难度，比较有趣。”

晗晗：“我喜欢‘三人套圈’，不会那么挤。”

教师的思考：“大带小”的方式，能激发幼儿参与游戏的兴趣。大班幼儿的责任意识较强，很细心地教弟弟妹妹，并且能循序渐进地讲解。大班幼儿先示范玩，带着玩，最后让弟弟妹妹自己尝试。中班幼儿学得很快，一步步根据大班幼儿的指导玩，并且跟着大班幼儿边套边念童谣。同伴之间的相互影响、相互学习，远比教师的指导效果来得好，因为幼儿之间能以同等高度互相交流，更适合幼儿的学习。

六、游戏实施小结

维果茨基说：“没有教育的作用，游戏就不会产生或者就会停滞不前。为了使孩子掌握游戏的方法，成年人的干预是必要的，必须在一定的年龄阶段上教儿童学习怎样做游戏。”在游戏的组织与推进中，我们最大的感受就是，教师应做好一个支持者、鼓励者。

一是及时支持。面对“三人套圈”图示的吸引力，幼儿搭手时候老是出现手打结等现象，教师根据幼儿游戏时的需要，作为引导者适时介入，引发幼儿对新游戏的关注。教师及时帮助幼儿梳理游戏经验，学习游戏方法。在面对中班幼儿不懂区分左右的情况下，教师采用戴手环、贴图等方式，让幼儿理解正确搭手的方法，保证游戏的顺利开展。

二是积极鼓励。当幼儿对游戏失去兴趣时，教师为了推动游戏发展，给幼儿提供自由表现的机会、合作的空间，引导幼儿经历“我能行”的游戏旅程。教师通过融入闽南童谣，增强游戏趣味性、家园配合同步游戏、借助“大带小”，激发幼儿的学习兴趣和挑战欲望，提高幼儿的动作协调能力、解决问题的能力、协商合作的能力。

第三节 翻花绳

一、游戏名称：翻花绳

二、游戏玩法与规则

玩法：用打好结的绳子环绕于单手或双手手指上，然后撑开，准备动作做好后，根据自己的喜好用手指翻变出不同的花样，可单人玩也可双人玩。

单人玩法：将绳子套在双手上，用双手手指或缠，或绕，或穿，或挑，经过翻转将绳子在手指间绷出各种花样来。

双人玩法：一人以手指将绳子编成一种花样，另一人用手指接过来，翻成不同的花样，相互交替，直到一方不能再翻下去为止。

规则：单人玩时要注意不要把绳子缠绕在一起，若缠乱了要赶紧解开，重新翻；双人玩时要注意配合、相互交替，直到一方不能再翻下去为止。

三、游戏对幼儿发展的价值分析

“翻花绳”是用打好结的绳子环绕于单手或双手手指上翻转花样，又叫“解股”“线翻花”“翻花鼓”等。“翻花绳”游戏对幼儿发展具有多方面的价值。

健康领域：该游戏主要是依靠手指进行操作，造型需要靠手指的撑、压、挑、翻、勾等精细动作完成，需要每根手指巧妙地分工，左右手配合才能完成。该游戏能有效地训练幼儿手指的灵活性，促进幼儿精细动作的发展。

社会领域：在游戏中进行双人翻绳时，幼儿与同伴间需要互相配合、互相等待，同伴间的合作能力、交往能力得到了提高。每当变出一个花样后要接着翻出新的花样，幼儿不能着急，否则经常会导致绳子缠绕在一起，从而锻炼幼儿的耐心。

四、对应《指南》中的学习与发展目标（4～5岁）

领域	《指南》中的学习与发展目标
健康	（二）动作发展 目标3　手的动作灵活协调
社会	（一）人际交往 目标1　愿意与人交往 1. 喜欢和小朋友一起游戏，有经常一起玩的小伙伴。 目标2　能与同伴友好相处 4. 活动时愿意接受同伴的意见和建议。 目标3　具有自尊、自信、自主的表现 1. 能按自己的想法进行游戏或其他活动。 4. 敢于尝试有一定难度的活动和任务。 （二）社会适应 目标2　遵守基本的行为规范 1. 感受规则的意义，并能基本遵守规则。

五、游戏实施过程与纪录

（一）你翻花绳的水平真厉害

早上入园的时候，教师发现思思小朋友带来了一条绳子。晨间谈话时，教师就思思带来的绳子组织大家来谈谈这条绳子可以做什么。幼儿你一言我一语，热烈地讨论着。

依依："可以用来绑东西。"

阳阳："可以用来拔河。"

教师："我可以用这绳子变魔术，变一座桥，看我变变变。"

航航："老师你是怎么变的？好神奇啊！我也想试试。"

教师："这绳子不仅可以变出桥，还可以变出很多东西呢！你们回家和爸爸妈妈试试，明天看看谁能变成小小魔术师，会变很多的东西。"

面对神奇的绳子，幼儿带着满满的新鲜感和想变成小小魔术师的愿望，个个跃跃欲试，主动来找教师借绳子回家玩。

第二天，航航第一个到园，拿着他的绳子向教师展示。

航航："老师，你看，我会变魔术了，而且我还会变好多种呢！我会用绳子变降落伞哦，我表演给你看。"

教师："那你可以教其他小朋友玩吗？"

航航："可以啊！"

说完，航航细心地教好朋友鑫鑫学习玩"翻花绳"。

航航专注地翻起绳子，动作灵活，有条不紊地翻成了降落伞，向其他幼儿展示自己变成魔术师了。

航航："鑫鑫，你要慢慢地翻，要先抓好绳子，再接着往外翻。"

鑫鑫："你好厉害啊！你怎么都会了？"

航航："我妈妈和我爸爸先玩，我看了一会儿，然后我爸爸再一步一步教我，我学了一个晚上，真的太好玩了！"

教师的思考：教师特别惊讶于航航双手的灵活性及细心、耐心的学习品质。"翻花绳"游戏对幼儿的手部精细动作要求比较高，航航作为一名男孩子，通过一个晚上的学习，不仅能轻松自如地玩个人"翻花绳"，还能耐心地教别人玩"翻花绳"。细心、耐心以及学习能力显露无遗。接下来，教师将请航航当小老师，去鼓励和指导更多的同伴玩"翻花绳"游戏。

（二）我们可以玩不一样的游戏

自由活动时间，晨晨手套着绳子走到涵涵身边，轻声地说："涵涵，我和你玩'翻花绳'，好吗？"

涵涵："可是，我不会玩。"

晨晨："我会把绳子变成'锯子'，我们来玩'拉大锯'的游戏吧。"

于是，晨晨用绳子变成"锯子"，请涵涵协助，两人分别拉住绳子的两边，边念儿歌《拉大锯》边玩游戏："拉大锯，扯大锯，姥姥家唱大戏。妈妈去，爸爸去，小宝宝也要去。拉大锯，扯大锯，你过来我过去。拉一把，扯一把，小宝宝快长大。”

涵涵：“哈哈，真好玩！《拉大锯》还像《偎米》，‘偎米偎齿堀，杀鸡请阿舅，阿舅去不来，大鸡甘肖刣’。”

走廊里回荡着两名幼儿欢快的笑声。

涵涵把儿歌《拉大锯》换成闽南童谣《偎米》，又出现了一个游戏亮点。

教师看到后及时捕捉他们“拉大锯”“偎米”的游戏镜头，并在游戏评价时将照片与全班幼儿分享，表扬他们的玩法有创意，同伴对他们投去赞赏的眼神，他们脸上洋溢着灿烂的笑容。

教师的思考：幼儿间的发展是存在差异的，晨晨和涵涵两个小朋友尽管还没学会“翻花绳”的游戏，但他们能够发挥丰富的想象力，将绳子变成“锯子”，自发地玩起了“拉大锯”的游戏。两人边玩边念童谣，玩得不亦乐乎。绳子除了可以用来玩“翻花绳”，也可以玩新游戏，幼儿的创新值得肯定，值得教师鼓励与支持。教师及时捕捉到他们玩新游戏的镜头，并在集体面前表扬了他们，既给大家启发，又增强了他们的自信心。一条简单的绳子拉近了幼儿之间的距离，为两个性格内向的幼儿搭建了交流的平台。作为教师，在活动中要多关注幼儿的表现，尊重幼儿的个体差异，不对幼儿进行横向比较，注意培养幼儿的自信心，让每个幼儿都有体验成功的机会，支持每个幼儿在自己原有水平上的发展。教师对内向、动手能力弱的幼儿要多点耐心，允许他们比别人发展得慢一些，善于捕捉他们的闪光点，及时给予鼓励、肯定、支持，帮助他们树立“我能行”的自信。

（三）我的“降落伞”还会飞呢

幼儿对“翻花绳”游戏越来越感兴趣，一到自由活动时间他们就两两结伴玩“翻花绳”，还会变出各种花样。今天，又有两名幼儿小敏和滢滢加入了“翻花绳”的队伍。瞧，她们凑在一起，一直在神秘地操作着。

过了不一会儿工夫，滢滢高兴地叫着：“老师，快来看，我们变出了一个‘降落伞’。”听到叫声，幼儿都好奇地过来围观，教师也围了过去并蹲下来看。突然，滢滢把“降落伞”放到教师的肩上，兴奋地说：“快看快看，我的‘降落伞’还会飞呢，飞到老师的肩上了。”

教师的思考：在“翻花绳”游戏中，幼儿玩得很投入，也很享受游戏带来的乐趣。可见，如果教师给幼儿一定的空间，让幼儿自由地玩、自主地学习，幼儿潜在的想象力和创造力就能得到充分的发挥，对他们的身心发展有着重要的作用。

（四）我来当变魔术的小老师

今天，小敏“翻花绳”又变出了新的花样——小船，吸引了昕昕、静静。小敏还当起了小老师，有模有样地教着昕昕、静静：“先把绳子套进大拇指和小指，再把中间这条绳子拉两次，然后这样把绳子翻出来，再这样、这样，就好了。”不一会儿，她手上就变出了漂亮的“小船”。可是，由于小敏刚开始讲解时动作有点快，昕昕、静静没有听得很明白，挠挠头，似懂非懂的。“小老师”又耐心地讲解了一遍，一步一步慢慢地教，最后，昕昕、静静终于学会了。

教师的思考：最近，班级幼儿特别热衷于玩“翻花绳”，不论何时何地，幼儿都会想方设法利用点滴时间自由结伴玩耍，足见民间游戏的魅力。值得一提的是，在刚开始开展“翻花绳”游戏时，班级只有个别幼儿会玩“翻花绳”，教师鼓励会玩“翻花绳”的幼儿当小老师，让幼儿教幼儿。这种方式既大大节省了教师指导的时间，有利于“翻花绳”游戏在班级的推广，同时又有利于增进幼儿间的交往，“小老师制”可谓一举多得。

（五）老师，我会变出“小火山”

自由活动时间，林林拿着一条绳子，兴致勃勃地跑到教师面前，说：“老师，我今天要用绳子变‘小火山’。”

教师：“好呀，你变给老师看一看。”

林林果真一会儿就变出了“小火山”。

林林：“老师，你看，我的‘小火山’变成了。”

教师：“你可以给我介绍一下吗？”

林林：“你看，我上面这只手是山顶，另外一只手是山底，火山爆发了，这些黄色的线就是从山顶上流下来的‘火’，好看吧？”

教师：“你设计的‘小火山’很厉害，你也可以教别的小朋友一起设计‘小火山’。”

教师的思考：林林是个动手能力较弱的幼儿，平时不爱参与需要动手操作的活动，但“翻花绳”却让林林也玩得很起劲。这次玩“翻花绳”，她还能根据自己的生活经验，创造出不一样的造型，并且能清楚、完整地介绍自己变的“小火山”。在活动中，教师与幼儿的互动是极为有效的。尽管这次互动是由林林小朋友发起的，但教师的两次回应都很好地支持了这次互动。第一次回应，教师满足了林林小朋友表现的欲望；第二次回应，教师请林林介绍“小火山”，是对互动方向的纵深推进，有利于提升互动的质量。

（六）我会看图示学花样翻绳

为了培养幼儿对“翻花绳”持久的兴趣和细致的观察力，教师决定引导幼儿学会看“翻花绳”步骤图，自主学习“翻花绳”。教师在与幼儿共同协商后在走廊张贴了一块移动展板，上面展示各种简单的单人“翻花绳”图案和步骤。教师引导幼儿看“翻花绳”图示，提醒幼儿仔细观察每一步骤变化的是哪一根绳子，并尝试学习看图示自己玩“翻花绳”。一段时间后，部分幼儿学会了看简单的图示玩“翻花绳”，并在幼儿间互相交流。

教师的思考：中班幼儿已有一定的模仿和自我学习的能力。经过与幼儿的商讨，教师决定在走廊的展板上展示一些从网上下载的“翻花绳”步骤图，让幼儿根据步骤图自己探索。幼儿的兴致很高，探索成功的幼儿便当起了小老师，细心地教着同伴和教师。当探索过程中出现困难时，幼儿也能积极开动脑筋、勇敢尝试。最终，在教师的支持和鼓励下，大部分幼儿能根据图示变出一些较简单的图案，获得成功的喜悦。

（七）老师，我会将变的图案画出来

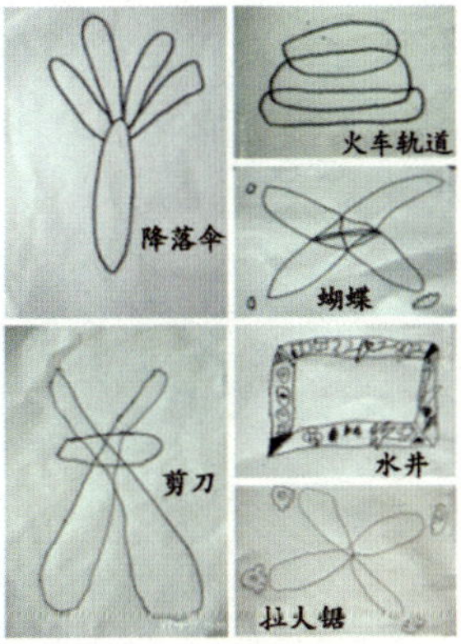

区域活动时间，几个乐于玩“翻花绳”的幼儿不约而同地来到了美工区。只见静静迅速地坐了下来，拿出纸和笔一丝不苟地画了起来。过了一会儿，她兴奋地惊叫起来：“老师，你看，这是我早上变的‘大剪刀’。咔！咔！咔！”随后，静静兴奋地向旁边的同伴介绍起来，还拿来小绳子翻出“剪刀”让同伴欣赏。

不一会儿，美工区的幼儿也纷纷拿起纸张“唰唰唰”地画了起来。美工区热闹极了！“这是我变的‘轨道’，它是这样的！”“这是我和滢滢的‘拉大锯’。”……幼儿陷入了热烈

的讨论中。

静静的绘画深深地吸引了美工区的幼儿，同伴间的模仿性学习和自我学习欲望得到了提升。静静的这一举动带动了美工区的幼儿，他们不由自主地一起加入表征性绘画中……

教师的思考：随着幼儿自发的“翻花绳”绘画活动的出现，“翻花绳”游戏与美工区的画画很好地融合起来了。接下来，教师会在“翻花绳”的地方设置一个绘画区，鼓励幼儿将“翻花绳”的图案画出来，并将其贴在墙上或收集起来订成小册子；在鼓励幼儿这种有益尝试的同时，也给“翻花绳”游戏的纵深推进带来新的内容。

六、游戏实施小结

《幼儿园教育指导纲要（试行）》（以下简称《纲要》）指出，教师应成为幼儿学习活动的支持者、合作者、引导者。

首先，在整个民间游戏活动的推进中，教师时刻关注幼儿的游戏情况，针对出现的问题，选择恰当的时机参与幼儿活动，与幼儿共同发现、探究、讨论、解决问题。这需要教师敏感地察觉幼儿的游戏需要，及时以适当的方式应答，形成合作探究的师幼互动。

其次就是教师的退位，让幼儿自主探索、尝试并获得成功。在整个“翻花绳”游戏中，教师时刻关注幼儿的活动，当幼儿出现困难时不急于介入。游戏中教师是支持者，给予环境上的支持、材料上的支持和翻绳技能上的帮助。当幼儿获得成功时，教师是他们的“观众”，为他们鼓掌喝彩；当幼儿创新翻出新颖的图案时，教师是他们的“学生”，虚心向幼儿请教；当幼儿需要合作时，教师是他们的“伙伴”。幼儿在支持、鼓励、帮助的作用下相互学习，变得更加自信，更具有探索精神。

第四章　大班民间游戏活动组织与指导纪录

第一节　报喜

一、游戏名称：报喜（闽南语“传话毙人”）

二、游戏玩法与规则

玩法：在场地上画一条横线和两个大圆圈。游戏人数不限，选出一个人当“大王”，其余幼儿分成人数相等的甲、乙两队。“大王”站在横线后面。两队代表以“剪刀石头布”的形式决定哪一队先“报喜”。两队幼儿轮流找“大王”报对方队伍中一个幼儿的名字。如果乙队中上来找“大王”“报喜”的幼儿刚好是甲队幼儿刚报的幼儿名字的话，那么乙队的该名幼儿就会被“大王”“啪”的一声“毙掉”。被“毙掉”的幼儿就要站到自己队伍旁边的圆圈里，不能参与游戏。游戏继续进行，以此类推，最后剩下人数多的队伍为胜。

规则：甲、乙两队人数不等时，可以请一名幼儿当候补队员。“报喜”超过规定时间的幼儿由“大王”取消一次游戏机会。

三、游戏对幼儿发展的价值分析

该游戏是流传于闽南地区的民间游戏，类似于“谁是卧底”“谁是叛徒”等游戏。游戏简单易学又益智，不受游戏场地、人数、玩具等的限制。游戏过程充满悬念，既紧张又有趣。游戏的挑战性、集体性等为大班幼儿所接受和喜爱。以下结合大班幼儿年龄特点分析该游戏对幼儿的发展价值。

健康领域：幼儿积极参与游戏，在充满挑战、悬念的游戏中情绪高昂，注意力集中，一静一动，张弛有度，愉悦身心，促进身心健康发展。

语言领域：在游戏中同组幼儿为了赢得胜利，必须与同伴讨论、交流自己的意见，商议对策。扮演大王的幼儿在游戏中需要认真听，如果“报喜”的幼儿不是直接说出对方的姓名，而是描述对方的外貌特征、性格、习惯等，那么，“报喜”的幼儿就需要向“大王”清晰表达，而“大王”就得认真听并判断此人是谁。交流、表达、倾听伴随着幼儿游戏的全过程。在游戏时会不断出现新问题，为了使游戏能够进行下去，幼儿必须与同伴交流讨论，比如变通游戏玩法、制订新的游戏规则等来解决问题。在这个过程中，幼儿的语言表达能力、倾听能力得到了进一步发展。随着游戏经验的丰富，幼儿以图画、符号、数字等形式对游戏玩法、规则进行表现，促进自身阅读能力、前书写能力的发展。

社会领域：该游戏能有效增强幼儿间的竞争意识、团队合作意识以及集体荣誉感。在游戏过程中，为了赢过对方，同组幼儿必须做好分工合作，如仔细观察与揣测本团队成员、对手及“大王”的表情，集体决议、选派合适的同伴去“报喜”。游戏促使幼儿根据自己及同伴的特长承担相应的任务，如记录比赛情况、表现游戏规则、画游戏场地等。

科学领域：在游戏中幼儿需要进行仔细而认真的观察，并在观察的基础上进行积极分析、综合、推理和判断，幼儿的思维始终处于活跃状态。“猜测与验证”的体验伴随着游戏的全过程。随着游戏经验的丰富，在游戏中幼儿能以数字、符号、图形等记录比赛情况，结束后进行比较并统计出比赛结果。这一过程加深了幼儿对数、量等的感知和理解。

四、对应《指南》中的学习与发展目标（5～6岁）

领域	《指南》中的学习与发展目标
健康	（一）身心状况 目标2　情绪安定愉快 3. 能随着活动的需要转换情绪和注意。

续表

领域	《指南》中的学习与发展目标
语言	（一）倾听与表达 目标1　认真听并能听懂常用语言 1. 在集体中能注意听老师或其他人讲话。 目标2　愿意讲话并能清楚地表达 1. 愿意与他人讨论问题，敢于在众人面前说话。 4. 讲述时能使用常见的形容词、同义词等，语言比较生动。 （二）阅读与书写准备 目标3　具有书面表达的愿望和初步技能 1. 愿意用图画或符号表现事物或故事。
社会	（一）人际交往 目标1　愿意与人交往 3. 有高兴的或有趣的事愿意与大家分享。 目标2　能与同伴友好相处 2. 活动时能与同伴分工合作，遇到困难能一起克服。 3. 与同伴发生冲突时能自己协商解决。 目标3　具有自尊、自信、自主的表现 1. 能主动发起活动或在活动中出主意、想办法。 （二）社会适应 目标1　喜欢并适应群体生活 1. 在群体活动中积极、快乐。 目标2　遵守基本的行为规范 1. 理解规则的意义，能与同伴协商制定游戏和活动规则。 目标3　具有初步的归属感 1. 愿意为集体做事，为集体的成绩感到高兴。
科学	（一）科学探究 目标2　具有初步的探究能力

五、游戏实施过程与纪录

（一）“谁是卧底”和民间游戏“报喜”

今天刚到活动室，就听到含含和妍妍在讨论“谁是卧底”的游戏。教师知道这是电视综艺节目中的一个游戏，平时也经常和朋友们玩，难道幼儿也喜欢这种逻辑推理的游戏吗？

教师好奇地问："你们是怎么知道这个游戏的？"

含含："我和妈妈在《快乐大本营》中看到的。"

妍妍："我也有看，我很喜欢谢娜姐姐，我觉得她很聪明，很会玩游戏。"

教师又问："你们也会玩'谁是卧底'吗？"

妍妍："我很想玩，但是又不知道怎么玩。"

含含："我知道这个游戏有一个人是卧底，如果被查出来，他就要退出游戏。"

教师："'民间游戏城'有一张图，讲的也是这样的游戏，游戏名称叫'报喜'。"

含含："我看到大三班的小朋友玩过。"

妍妍："我们去'民间游戏城'看一下吧！"

随着玩民间游戏经验的积累，幼儿能够关注生活中出现的各种游戏。这次他们关注了电视里"谁是卧底"的游戏。由于年龄小，他们更关注的是游戏结果，如谁最会玩、谁赢了等。在教师的引导下，他们回忆起曾经看到其他班幼儿玩过"报喜"游戏，由此引发了玩新游戏的兴趣。

其他幼儿也跟着来到"民间游戏城"，他们很快就找到了"报喜"游戏的图片。

一群幼儿蹲在图片前仔细地研究了起来，因为之前有看图玩游戏"猜拳跨步"的经验，他们边看图边根据认识的字来解读图中游戏的玩法。

洋洋："中间要坐一个人，旁边有两队，人数要一样。"

欣欣："中间坐着的人是'大王'，旁边的两队是'甲队''乙队'，这些字我认得。"

莹莹："好像还要上去跟'大王'说什么话，这些看不懂。"

含含："请老师念给我们听吧。"

教师刚念完图片上的字，幼儿就熟练地用"黑白配""剪刀石头布"的方式自主分队、分配角色，很快地就玩了起来。

教师的思考：从"谁是卧底"的游戏交流到玩民间游戏"报喜"，在这一过程中，幼儿的语言表达能力、前阅读能力等得到了发展。在游戏中，他们的自主性得到了充分展现，从角色的分配到哪一队先"报喜"，都是他们自己以"黑白配"等方式解决的。"报喜"游戏充满挑战性，是一个需要眼、耳、嘴等多感官配合的智力游戏。随着幼儿游戏经验的积累，相信幼儿能将这个游戏玩得非常精彩。

（二）看口型猜人

新一轮游戏开始了，双方队员都很吵。浩浩来到“大王”身边快速报出了一个名字，“大王”提醒他要小声点说。

浩浩得意地说：“反正他们听不到我说的是谁。”

宇宇一直很认真地听，丝毫不受吵闹声影响，一直专注地盯着“报喜”者的嘴巴。游戏过半，宇宇悄悄地和同伴们说：“我们可以看他们的口型，看口型就能知道他们说的是谁啦。”宇宇组的成员按照宇宇的方法，认真观察“报喜”者说话的口型，果然猜个八九不离十。浩浩组发现了他们的秘密，也专注观察口型，但宇宇这组想出了应对措施：“报喜”时用手遮住嘴巴。浩浩组又以失败告终。

宇宇平时是一个话不停的幼儿，但是在“报喜”游戏中，他有很强的观察力，懂得看嘴型猜名字，并能将自己的发现与同伴一起分享。由于他的重大发现，他们组连获胜利，也促进了游戏水平的提升——传话时用手遮住嘴巴。

教师的思考：游戏一度非常吵闹，教师没有急于干预，而是采用“静观”策略，观察幼儿到底会怎样解决这个问题。在观察过程中，教师看到宇宇能通过看口型来猜出相应的名字。在游戏交流分享时，教师肯定了宇宇认真、细致的观察能力，并及时丰富了有关唇语的知识。幼儿对懂唇语的人非常感兴趣。但是现在他们“报喜”时用手遮住了嘴巴，以后还会怎么玩呢？

（三）“大王”有点无聊

游戏玩了有一段时间了，盈盈要去卫生间，请办公室的官老师代玩一会儿。连续当了两次“大王”的妍妍对官老师说：“当‘大王’有点无聊。”

官老师：“我给你加点料，你就不会无聊了。”

官老师在妍妍耳边说了好一阵子。刚开始，妍妍的眼神是迷茫的，但很快她就和官老师会心地笑了起来。两边的队员都安静了下来，纷纷说：“怎么说这么久？在说什么？说谁呢？”

妍妍：“官老师跟我说的那个人我知道是谁了，但我不会说出去。”

浩浩：“为什么你们俩说那么久？”

妍妍：“官老师没有告诉我名字，只是跟我说那个人长什么样子，我想了一下、看了一下就知道是谁了。”说完，妍妍又开心地和官老师对看了一眼，做了个“嘘”的动作。

官老师：“你们也可以像我这样，不说名字，只告诉‘大王’那个人长什么样子。”

含含：“还可以说那个人是男孩还是女孩，头发是长的还是短的。”

宇宇：“我觉得也可以说穿什么衣服、掉了几颗牙齿、他最厉害的本领是什么。”

教师：“宇宇想到的真多！这需要很认真地观察小朋友。”

妍妍：“现在我宣布，到我这里来‘报喜’的人，不能直接说那个人的名字，我能猜出来的。”

浩浩：“如果你猜错了呢？”

盈盈（从卫生间回来一会儿了）：“如果‘大王’猜错就换‘报喜’的人当‘大王’。”

妍妍：“可以，我肯定不会猜错的。刚才官老师说的那个人我已经知道了。现在请乙队出一个队员。”

浩浩：“我上去。”

妍妍：“刚才官老师说的是扎一根辫子的女孩。”

大家一下子就猜出是含含。

教师：“官老师给‘大王’加的料太有挑战性了。‘大王’要仔细听，才能准确猜出是谁。‘报喜’的小朋友也不轻松，要将你们想报的小朋友长什么样说清楚，让‘大王’听明白。”

浩浩：“我也来说一个。”

教师靠近妍妍，听到浩浩说：“是一个男孩子，穿着黑裤子、蓝上衣。”

妍妍悄悄地说：“是宇宇。”

浩浩点点头。此时办公室很安静，大家的眼睛都看着前面的妍妍和浩浩，试图从他们的表情捕捉到什么。在接下来的游戏中，双方都非常安静。

一轮游戏结束了，妍妍开心地说：“‘大王’好忙啊！”

教师的思考：幼儿在多次反复的游戏后，就会觉得无聊、无趣，渐渐地对游戏失去兴趣。妍妍觉得“当‘大王’有点无聊”，官老师借助临时替代之机，对游戏玩法进行了改进。官老师的这一有效介入，无疑改变了游戏情况，不仅重新激发了能力较强的妍妍的游戏兴趣，也促进了幼儿游戏水平的提高。幼儿的观察能力、表述能力、倾听能力、辨识能力等也得到了较大的发展。

（四）裁判的出现

游戏又到了白热化的阶段了，两队的竞争还是很激烈：甲队只剩一个张张了，而乙队还有权权和彬彬。乙队的幼儿欢呼："我们要赢啦！"

当大王的莹莹说："甲队只剩一个了，怎么办啊？我们可以请个裁判来，看我们有没有遵守规则，还可以让裁判做主让甲队其中一个人复活加入游戏。"

乙队的权权大喊了起来："不行，那我们也要复活一个。"

莹莹："让裁判决定，最遵守规则的那一队复活。"

大家一致同意这个建议，并推荐一直在旁观的宣宣当裁判，游戏重新开始。

裁判的出现增加了游戏的变数，使结局更扑朔迷离，让幼儿有了新的期待。同时裁判还有监督遵守游戏规则的任务。他的出现是大班幼儿游戏水平发展的需要。

怡怡突然喊道："老师，刚才轮到乙队的人出场的时候，他们一直不出场。"

浩浩："我们可以让裁判倒数，从10开始倒数，到最后还没有出场，对方队就有一次出场的机会了。"

莹莹欣然接受，并开始倒计时。

教师的思考：在这次游戏中，裁判的出现、倒数的方法都是幼儿探索出来的新玩法、新规则。正如《指南》中所指出的：5～6岁的幼儿能主动发起活动或在活动中出主意、想办法。既然幼儿自己能解决游戏中的问题并且解决得那么好，那么教师只需在一旁观察与欣赏他们游戏，感受游戏给他们带来的快乐，记录他们在游戏中获得的发展。

（五）星星队和月亮队

雨天，幼儿在室内玩"报喜"游戏，以"黑白配""剪刀石头布"的方式毫无争议地分配好了"大王"和两方队员。

婷婷："我们这队叫星星队吧！"

新颖的队名得到了队员的支持。浩浩到另一队去炫耀："我们的队名叫星星队，比你们好听吧！"

思思脱口而出："我们叫月亮队！"队员们也跟着说："我们是月亮队，也很好听的。"

莹莹："一个星星队，一个月亮队，我们画下来吧！"

宣宣："我来画吧，赢的队就画一面红旗。"

游戏开始了，两队的队员都信心满满地说："我们会赢的。"

双方队员围着桌子坐下。这一次哲哲当大王，坐在双方队员的中间。

婷婷："不行，'大王'不能坐那么近，会被听到的。"

哲哲："我自己一个人坐远一点吧！"说完他往后退至离两队队员约三米远的地方。

游戏再次开始了，出人意料的是玩"报喜"游戏的高手妍妍和莹莹都在星星队里。她们自信地说："这一次我们星星队肯定能赢。"一旁的含含和思思听后说："我们月亮队不怕，我们也会赢的。"洋洋很开心地和浩浩说："我想到了一个好办法，去和'大王'说的时候故意看着一个小朋友，但其实说的是另外一个人，引他们上当。这样肯定能打败月亮队。"

浩浩听完也说："我们去和'大王'说的时候，不说名字，只说头发、衣服，让'大王'去猜，也可以引他们上当。"

大班幼儿的游戏经验越来越丰富。他们懂得想办法故意去误导、干扰对方，想尽办法让自己的队获胜，游戏技巧不断提高。

商量好的两人开心地大笑，他们又将这个好办法悄悄告诉星星队的所有队员。月亮队的队员们看着他们俩不知道发生了什么。或许是他们的迷惑战术发生了作用，星星队连胜了四次，浩浩和洋洋直欢呼。

浩浩："输的人要接受惩罚。"

思思："我们月亮队愿赌服输，我们唱一首歌吧！"

月亮队唱起了《左手右手》，不知不觉星星队也跟着跳了起来。

由语言游戏生成了歌表演游戏，幼儿的表现力、创造力不断发展。这一过程也是幼儿进行动静结合的自我调整，让游戏更有趣。

教师的思考：幼儿快乐的表情、愉快的笑声感染了教师。幼儿玩游戏玩出了"高风亮节"。虽然他们也在乎输赢，却懂得"愿赌服输"的道理。月亮队虽然接受惩罚，却能开心地演唱歌曲，星星队也跟着开心地跳了起来。这时候没有输赢，只有快乐！幼儿感受了游戏过程的惊心动魄，也享受了游戏后的放松时刻。

（六）我是"民间游戏小老师"

这一阶段，幼儿对"报喜"游戏的兴趣持续升温，不仅在幼儿园玩，还教会了家人、邻居家的伙伴。家长们也说这个游戏不仅有趣，而且能促进幼儿专注力、观察力的发展。他们把幼儿在家里玩游戏的小视频、照片发到了班级群与其他人分享。

第二天，教师组织幼儿交流："你们是怎么将'报喜'这个游戏教给爸爸妈妈或者邻居小朋友的？"

婷婷："我玩了一遍给他们看。"

莹莹："给他们讲玩法。"

妍妍："把游戏玩法画给他们看。"

坤坤："我耐心地教奶奶和妈妈玩，奶奶耳朵不好使，每次'报喜'都要大声说，结果被妈妈听到了。"

莹莹："我们邻居那些小孩来我家和我一起玩，来了八个弟弟妹妹，大的比较会玩，小的不会玩，我先教会大的，再一起教小的玩。"

妍妍："上小学的邻居姐姐也来和我一起玩了，她很聪明，一学就会。"

以往都是家长教幼儿玩游戏，这次却是幼儿教家长玩游戏。在教大人玩游戏的过程中，幼儿的表达能力、示范能力都得到了发展，他们的自信心、专注力也得到了增强。在这个过程中，民间游戏也在家庭和社区中得到了传承和发展。

教师的思考：幼儿对这个游戏的喜爱程度出乎我们的意料，他们还自主地教家人、同伴玩“报喜”游戏，这也是教师始料未及的。这个流传于我们永春本地的民间游戏在幼儿身上得到了传承。即使是大班幼儿，要将游戏玩法准确地表达出来也是有难度的，但是从幼儿的描述以及家长上传的视频、图片中可以看到，他们很努力地想出各种办法教别人玩、讲解规则，他们甚至还用数字、图画、图表、符号、游戏情境图等方式辅助自己的讲解。家长们在班级群里交流，都说从来没看到自己的孩子如此专注、耐心；还有的家长说现在家里可热闹了，邻居家的孩子、亲戚家的孩子都要来玩“报喜”游戏。可见，民间游戏的力量是巨大的，游戏中的幼儿最聪明！

（七）游戏规则大家定

一大早来了好几个幼儿，放下书包立马聚在一起准备玩“报喜”游戏，连平时常迟到的滨滨也早早地来幼儿园。荣荣将黑板拉到走廊，说：“我们一起来画游戏规则吧。”

他们围坐成两排商量着游戏规则，大家都想上去画，争论起来。

权权：“还是让昕昕画吧，她画得又快又好。”

含含：“这样不会浪费游戏时间。”

大家都觉得这个理由很充分，一致同意。

涵涵：“我们先来说说队伍的名称吧。”

墨墨：“我喜欢星星队。”

滨滨：“我想要叫大海队。”

权权对着昕昕说：“别傻站着啊，快把星星队、大海队画下来，你不画，我要上去啦。”

昕昕：“我会画啊，看我的。”

昕昕在黑板上写了个“1”，画了两只手。

含含：“我们是‘黑白配’，那画一只手涂颜色，另外一只手不用涂。”

大家都觉得是个好办法。于是昕昕又画了个男孩和几条曲线，代表大海队；画了个女孩和一颗星星，代表星星队。

炜炜：“画个‘大王’不能给两队队员提示的图示，可以写个‘王’，嘴巴不能说话。”

含含：“对，有的‘大王’就是忍不住要说出来。”

婷婷也说道：“我们可以画两队的队员要用眼睛看的图示。”

大家协商着，昕昕将游戏规则画在黑板上，并且添画了一朵花，表示送给赢的队伍。

教师的思考：在游戏中，幼儿根据平时积累的经验与同伴友好地讨论游戏玩法、规则，虽然有小争执，但都能自主解决。在本次游戏中，幼儿的自主游戏能力增强；思维敏捷，且能清楚连贯地将自己的想法表达出来；他们对符号、图表的识别和运用能力非常熟练。没有成人的干预，他们用自己的方式诠释游戏，与同伴一起快乐地游戏。

（八）游戏大战

黑板上的规则画好后，游戏就开始了。幼儿玩“黑白配”的技术已经炉火纯青：眼睛盯着每一只手，一动都不敢动，嘴巴都在小声数着是白少还是黑少。

游戏中的幼儿非常专注，哪怕是平时好动的幼儿，在“黑白配”时也是一片寂静。因为“黑白配”决定了谁当“大王”和双方队员的搭配，对幼儿来说能当“大王”是最好，不然也得跟自己喜欢的小伙伴一个队。于是在手伸出去的那一瞬间，立即动员眼、嘴、脑等确定黑白数量，判断谁多谁少，马上又进入下一轮的“黑白配”。在紧张的“黑白配”中，幼儿发展了观察能力、数数能力、判断能力、手眼协调能力等。

“黑白配”的结果自然是“几家欢乐几家愁”，但并不影响他们玩游戏的情绪。他们总是觉得下一轮游戏肯定能当“大王”，所以依旧玩得非常快乐。偶尔还能听到提醒：“你违反游戏规则了，‘大王’不能说出名字，我们要看他的嘴巴……”游戏紧张有序地进行着，星星队还剩四人，而大海队只剩二人，游戏大战越来越激烈了。

妍妍开心地说：“耶，我们星星队只毙了一个人。”

荣荣："看我们大海队的厉害，我要使出撒手锏啦。"

他跑到"大王"的旁边，眼睛盯着星星队，在"大王"的耳朵旁边说了好一阵子。教师悄悄靠近，原来他在描述一个女孩子的特征呢！

妍妍对含含说："我感觉他是在说我，这一次我不能上去。"

星星队经过商量决定派含含出去，结果是安全的。

游戏大战愈演愈烈。星星队的四个幼儿齐心协力，对手上去"报喜"时，他们认真观察，派出他们觉得最安全的队员出去，并且还悄悄商量要报对方哪个队员。凭借团队的力量，大海队又被连毙两人，荣荣的撒手锏也救不了大海队了，星星队获胜。

妍妍马上在黑板上画下了星星和花的图，"大王"为他们送上了一束花。

幼儿在游戏中的竞争意识越来越强烈，不服输的个性正是大班幼儿的年龄特点。为了团体荣誉，星星队懂得发挥团队力量，商量出取胜策略；荣荣为了获胜孤军作战，他的作战策略由简单的报名字改为描述特征，防止秘密泄露，有点上演孙子兵法的味道。这一过程增强了幼儿的团体荣誉感、协作能力，发展了幼儿的观察能力、应对突发情况的能力等。

教师的思考：从游戏过程的惊心动魄，到游戏结束时的欢声笑语，游戏的一张一弛很好地调整了幼儿的身心状态。我们班的幼儿已经积累了比较丰富的经验，他们能更加灵活地把握游戏的节奏。也正是因为如此，幼儿对这个游戏始终保持着极大的兴趣。看到他们玩得如此投入，隔壁大一班的郑老师也忍不住加入幼儿的游戏。看到郑老师也玩，大一班的幼儿纷纷搬出小椅子坐在走廊上玩了起来，这个斗智斗勇的游戏吸引力实在太大了。

六、游戏实施小结

在这次组织游戏的过程中，我感触很深：一是学会等待幼儿，二是学会欣赏幼儿。

（一）学会等待

作为一名年轻的教师，我在组织与指导本次活动的过程中，最大感触是要学会等待与静观活动中的幼儿，以等待与静观来代替之前过早干预与急于解决问题的习惯，并在等待与静观中慢慢学会观察与分析幼儿的行为。

以前在幼儿玩游戏碰到问题的时候，我总是忍不住想去指导幼儿。幼儿在玩游戏之前总是会用“黑白配”选出“大王”，再用同种方法分配两组队员。九个幼儿一起“黑白配”，选一个“大王”的概率很低，他们反复试了五次，幼儿急了，我也急了，刚想去指导，就听见一个幼儿说：“不要吵啦，我们一起想个办法解决吧。”另一个幼儿说：“我们可以看分别有几个出白的、几个出黑的，少的人再一起‘剪刀石头布’，赢的当‘大王’。”我很庆幸自己来不及去指导，幼儿能够和同伴自主解决问题。他们用自己的方式推选“大王”。四个出白的幼儿再次“黑白配”，结果是两个黑、两个白。这次我只在一旁仔细观察幼儿：他们采用两两“剪刀石头布”的方式，最终决出了“大王”人选。幼儿解决问题的能力是如此强大，同伴之间的配合是如此默契，这可不是教师的直接介入能得到的效果。

（二）学会欣赏

在游戏中，教师应该学会欣赏、理解幼儿的游戏行为，支持他们自主游戏、习得经验。例如，幼儿能辨别游戏场地吵闹不适合玩“报喜”游戏，说明他们的游戏经验正不断积累，此时教师支持幼儿更换游戏场地是必要的；又如，幼儿在游戏中能请一个领头人来当裁判，还会以奖励小花、红旗等形式来激发同伴间的竞争意识；再如，幼儿能友好平和地讨论游戏规则，推选善于画画的同伴来做记录等。这些都证明幼儿自身就具备自主学习、自我解决问题等能力，作为教师更应该学会解读幼儿的行为，以欣赏的态度观察幼儿的游戏行为，并适时地给予支持和推进，在教育教学工作中始终相信“儿童是有能力、有自信的学习者和沟通者”。

第二节　拍纸壳

一、游戏名称：拍纸壳

二、游戏玩法与规则

玩法：两个幼儿各拿一个纸壳（事先将广告纸折成三角形或方形），站在

同一条线上，一手拿纸壳，另一手食指对准一条边，两人一起喊“开始”口令时，同时（或用“剪刀石头布”决定先后顺序）用食指将纸壳刮飞出去。飞得远的幼儿站在纸壳的位置捡起纸壳，将纸壳掷向另一个纸壳。如有掷中或距离在一掌内，就算胜者；若没掷中或不在一掌内，就由另一个幼儿捡起纸壳投掷。谁先掷中，谁就是胜者，胜者可将败者的纸壳拿走。

规则：两人须站在同一条线上；掷中或掷在离另一个纸壳一掌内方可取走。

三、游戏对幼儿发展的价值分析

“拍纸壳”需要收集各种广告纸，折叠成三角形或方形的纸壳，两个人以上就可以玩。游戏方法简单易学，但若要掌握较高的刮飞技巧，对幼儿来讲还是有一定的挑战性。因此，“拍纸壳”游戏对幼儿具多方面的发展价值。

健康领域：该游戏不仅有利于促进幼儿手部小肌肉动作的发展，而且有利于幼儿在跑、跳中增强下肢运动的灵活性；游戏带给幼儿愉悦的情绪体验，有利于幼儿情绪的健康发展。

语言领域：幼儿在共同制订游戏规则的时候，双方要提出自己的意见，协商讨论，使用恰当的语言清楚表达游戏的玩法和规则，最后还要用恰当的文字符号进行表现。在游戏中，幼儿互相交流自己的意见，敢于表达自己的想法，同时要耐心倾听别人的意见。

社会领域：该游戏属于多人游戏，需要几个幼儿一起玩才可以进行，满足了幼儿合群的需要，促进幼儿的社会交往。幼儿在自主商量游戏玩法规则和处理问题时学会了与同伴友好相处，互助、合作等良好品质也得到了发展。在游戏过程中，幼儿有了新的玩法或者发现有趣的事也能与同伴一起分享。

科学领域：为了更好地赢得游戏，幼儿尝试探究不同材料、不同形状的纸壳，推测和证实游戏的结果，积极动手动脑寻找问题的答案，共同解决问题。在游戏中，幼儿要通过观察、比较、分析、判断、验证游戏的结果，并运用数学方法来解决游戏中的问题。

四、对应《指南》中的学习与发展目标（5～6岁）

领域	《指南》中的学习与发展目标
健康	（二）动作发展 目标3　手的动作灵活协调
语言	（一）倾听与表达 目标2　愿意讲话并能清楚地表达 1. 愿意与他人讨论问题，敢在众人面前说话。 （二）阅读与书写准备 目标3　具有书面表达的愿望和初步技能 1. 愿意用图画和符号表现事物或故事。
社会	（一）人际交往 目标1　愿意与人交往 3. 有高兴的或有趣的事愿意与大家分享。 目标3　具有自尊、自信、自主的表现 1. 能主动发起活动或在活动中出主意、想办法。 2. 做了好事或取得了成功后还想做得更好。 （二）社会适应 目标2　遵守基本的行为规范 1. 理解规则的意义，能与同伴协商制定游戏和活动规则。
科学	（一）科学探究 目标1　亲近自然，喜欢探究 2. 能经常动手动脑寻找问题的答案。 3. 探索中有所发现时感到兴奋和满足。 目标2　具有初步的探究能力 2. 能用一定的方法验证自己的猜测。 4. 能用数字、图画、图表或其他符号记录。 5. 探究中能与他人合作与交流。 （二）数学认知 目标1　初步感知生活中数学的有用和有趣 2. 能发现生活中许多问题都可以用数学的方法来解决，体验解决问题的乐趣。

五、游戏实施过程与纪录

（一）这个“三角形”是什么玩具？

自由活动的时候，大四班的幼儿正在走廊上玩“拍纸壳”。小乐、小宇、小珈等几个幼儿很好奇，凑了过去，一起在旁边看大四班的幼儿玩。

教师走了过去，问：“你们知道他们在玩什么吗？”

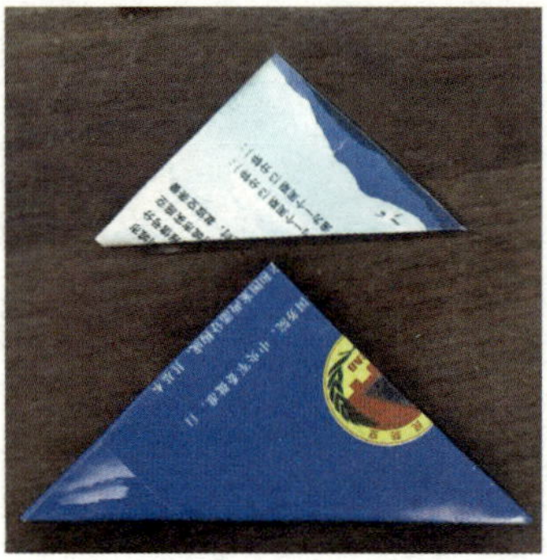

小珈：“是三角形。”

教师：“这三角形是用什么做的？怎么折的？”

小琪：“找他们借一个，打开看看，研究一下就知道了。”

小珈和小琪找大四班借了一个三角形纸壳过来，一步步打开，一看，小琪说：“哦，原来是用广告纸折的。”小珈和小琪一起又把三角形一步步折了回去。

于是，教师鼓励他们请教大四班会玩的小伙伴，向他们了解这个游戏的玩法；还请幼儿回家找爷爷奶奶或爸爸妈妈调查有谁玩过这个游戏、是怎么玩的。

> 教师的思考：对于祖辈、父辈的家长来说，“拍纸壳”游戏是他们小时候常常玩的游戏。对于幼儿来说，则是他们刚刚接触的新游戏。这个新的游戏是否能引起幼儿的兴趣呢？从调查了解中，纸壳成为幼儿关注的问题，亲子游戏也让幼儿对“拍纸壳”游戏规则有了初步的了解，幼儿对这个游戏产生了兴趣。

（二）我来折纸壳

几个幼儿想玩“拍纸壳”游戏，可是纸壳只剩下几个，不够玩了。

乐乐：“老师，我们自己折纸壳，爷爷教过我。”

小妍：“我们可以用广告纸来折。”

对呀，可以用广告纸折。教师找来了几张广告纸。乐乐、小妍在美工区折着纸壳。一旁的小翔、小宇、小洺也围了过来，想一起帮忙折纸壳。乐乐、小妍当起了小老师。

小妍很认真地教着，边折边说：“大三角形要折成小三角形，这里要对齐。这里折好三角形后，要塞到里面……”小翔、小洺认真地听着。

乐乐拿着一张广告纸，一边折一边对小宇说：“你看到了吗？这里是一个三角形，这里还可以折两个小三角形。你要沿着（大三角形）中间的地方折过来，把小三角形装到大三角形里面。”在“小老师”的指导下，小宇成功地折出了一个三角形纸壳。

乐乐是个文静的小姑娘，平时做事认真，但话不多。她主动当起小老师，细心地把自己从爷爷那里学来的本领教给同伴，每个步骤都认真地边示范边讲解，语言表达很清晰，这让教师很惊讶。在她认真的指导下，同伴也学会了折纸壳。

教师的思考：在缺少游戏材料的情况下，幼儿能主动提出要用广告纸自己动手折纸壳。乐乐、小妍还把自己在家学到的折纸壳的经验教给同伴。同伴间的学习，促进了幼儿语言表达能力和交往能力的发展。

（三）谁的纸壳飞得更远？

今天自由活动时，幼儿一起到操场上玩“拍纸壳”的民间游戏。游戏开始了，幼儿自由选择玩伴，两两商量好纸壳的数量后自主选择起点线。鸿鸿跟珍珍选择了操场上的一条黑线作为起点线。

鸿鸿：“我们用‘剪刀石头布’决定谁先发射。”

珍珍：“好。剪刀、石头、布……”

两个人开始认真地投入游戏中，他们决定谁发射得远谁就可以先“吃”对方。经过几次“互吃”的游戏后，鸿鸿跟珍珍再一次发射了。

鸿鸿：“我飞得远，我可以吃你了。”

正当鸿鸿准备去“吃”珍珍的纸壳时，珍珍叫住了鸿鸿：“不对，不对，我的纸壳比你的远。”

鸿鸿：“不，是我发射得比较远。”

珍珍：“我的比较远，不信你自己比比看。”

两个人有了小小的冲突，于是鸿鸿站到纸壳边上看一看，突然蹲下来从他的纸壳这边开始徒手画线连接到珍珍的纸壳上面，他把自己的纸壳画在了珍珍的上面，所以他“赢了”珍珍。珍珍发现鸿鸿用了这个办法，她也上前用手指画线比较远近，对比一番之后很兴奋地说：“你看你看，是我的比较远吧！”鸿鸿依然觉得自己的比较远，两个人争论不休。这时候，教师引导：

“你们还可以用其他方法来比较吗？”鸿鸿看了看周围的材料：“有了，我们可以用竹棍和绳子来试试。”珍珍说：“好。”说完，他们找来竹棍和绳子开始测量起来了……

第二次游戏，鸿鸿和珍珍找来了竹棍、布带、纸条、绳子等辅助材料，他们拿好相同数量的纸壳后便开始游戏了。

经过几轮“互吃”后，珍珍：“哇，这次我们两个一样远耶！”

鸿鸿：“是哦，那我们‘剪刀石头布’吧。”

珍珍：“不用，我有一个好办法。”

珍珍拿了一根竹棍放在了纸壳的一头。鸿鸿看到竹棍太短了比较不了，说：“我再去拿一根吧。”于是他们用拿来的竹棍把两个纸壳连接起来。

这时候，另外一组的淇淇看到他们在测量，马上被吸引了过来，在旁边认真地看他们比较。

珍珍：“我们还是一样远啊！”

鸿鸿：“对呀，我们还是‘剪刀石头布’吧。”

淇淇：“不对不对，不一样远。”

珍珍：“我们明明就是一样远。”

鸿鸿：“对，你自己看，我们用竹棍比起来就是一样远的。”

淇淇：“不对，你们的竹棍是斜的。”他站在起点线上边观察边说。

鸿鸿听到淇淇说他们的竹棍是斜的，以为是竹棍的原因，又跑去拿来了绳子，把绳子拉直，在原地观察了一会儿还是得不到答案。

淇淇：“鸿鸿，你的比较远。”

鸿鸿：“啊？你怎么知道？”

淇淇：“你自己过来看看就知道了。”

于是鸿鸿来到了淇淇旁边，趴在地板上认真地看着前面距离差不多的两个纸壳。鸿鸿突然大叫：“珍珍，我知道了，你快来看，我赢了你。”珍珍也跑过来跟着趴在地板上一起观察。

教师的思考：当鸿鸿跟珍珍的两个纸壳远近距离相差不多时，他们持有不同的看法，发生争论。在这样的情况下，教师适时介入，抛出“你们还可以用其他方法来比较吗？”的问题，引导幼儿思考游戏中如何更好地判断纸壳的远近，从而激发幼儿的探索欲望。在第二次游戏中，鸿鸿和珍珍大胆尝试利用竹棍、绳子等辅助材料来测量距离的远近。但是由于他们还没有掌握正确的测量方法，只是单纯地借助辅助材料，直接从一个纸壳连接到另一个纸壳，所以会出现“一样远”的结果。最后通过旁观者淇淇的介入，发现棍子是斜的，鸿鸿和珍珍一起趴在起点线上观察远近……追随幼儿的需要，教师要结合幼儿游戏中遇到的问题，及时组织幼儿讨论，让幼儿发现问题，然后通过开展“自然测量”的集中活动，帮助幼儿掌握正确的测量方法，达到推进游戏的目的。

（四）我们学会了量一量的好方法

今天，幼儿来到了“民间游戏城”，他们纷纷找到了合适的场地开始玩民间游戏。鸿鸿、鑫鑫、晨晨三个幼儿选择玩“拍纸壳”游戏。

鸿鸿：“鑫鑫，晨晨，我来当你们的裁判好吗？”

鑫鑫：“好啊！”

鸿鸿：“那我给你们画一条中线，你们谁超过了它就可先‘吃’对方，可以吗？”

鑫鑫、晨晨：“好啊，好啊！”

“小小裁判员”给他们设置了一条中线，果然，他们为了超过中线能先“吃”对方，把纸壳发射得可远了。三个人玩得不亦乐乎，还吸引了不少同伴。

咦！这一次晨晨和鑫鑫的纸壳都没有超过中线，而且两个纸壳都离中线差不多，旁边的莹莹激动地叫起来：“你们两个平手啦！”很多幼儿都纷纷上前判断两个纸壳的远近。

鸿鸿：“才不是，我们得测量一下。”

晨晨：“李老师，我可以用锦屏藤的‘胡须’来测量吗？”

教师：“当然可以，我有什么可以帮助你的吗？”

晨晨：“你帮我摘两条锦屏藤的‘胡须’吧！”

教师把摘下的两条长长的锦屏藤“胡须”交给了晨晨。

晨晨：“锦屏藤的‘胡须’要一样长才能比较！”

鸿鸿：“那我们比一比，把长的‘胡须’折断。”

就这样，幼儿进行了一番比较，把两条锦屏藤的“胡须”变得一样长。

晨晨跟鑫鑫一人拿着一条"胡须"开始测量了。他们都把锦屏藤的一端放在了中线上，另外一端对准自己的纸壳，可是两条锦屏藤都比较短，没有办法连接到纸壳上，这怎么办呢？

鸿鸿："我觉得你们两个是一样远的，不如你们'剪刀石头布'吧。"

鑫鑫："好，晨晨，我们'剪刀石头布'吧。"

晨晨："不对不对，你们看，是我的比较远。"晨晨张开拇指和食指，把锦屏藤末端和纸壳的一端连接起来测量。

鑫鑫："我的这么远。"他看到晨晨的做法后也学着张开了拇指和食指量起来。

这时候，晨晨小心翼翼地举起了她的拇指跟食指的距离："鑫鑫，快点快点，我们来比比看谁的比较长。"鑫鑫和晨晨比较了拇指与食指之间的距离。晨晨："哈哈，是我赢了你的，我可以先'吃'你啦！"……

晨晨是一个爱动脑筋的小女孩，当测量时遇到"胡须"不够长的时候，她动脑筋想出了张开了拇指和食指接着测量的好办法。

教师的思考：大班幼儿善于观察周围环境，懂得利用身边的自然物进行测量。通过上一次游戏的讨论和今天这次游戏的实践，幼儿已经积累了一定的测量经验，初步了解了正确的测量方法。接下去，教师将组织关于"自然测量"的集中教学活动，帮助幼儿进一步梳理相关经验，推动"拍纸壳"游戏的进一步发展。

（五）我的"将军"飞得远

幼儿来到了"民间游戏城"，他们非常兴奋地寻找伙伴，开始玩"拍纸壳"游戏了。敏敏和静静两个人用"剪刀石头布"决出先发射纸壳的人。

静静："耶！你出石头，我出布，我赢了，可以先发射了。"

敏敏："好，你先发射。"

站在起点线上，静静发射了第一个纸壳，敏敏随后也发射了。敏敏的纸壳比静静的纸壳发射得远。于是，敏敏一瞄准，“吃”掉了静静的纸壳。静静的第一个纸壳就这样被“吃”了，接下来第二个、第三个也连续被“吃”，这时她只剩下最后一个纸壳了。

静静：“敏敏，我要来发射我的‘将军’了，我的‘将军’一定飞得比你远。”

只见她两条腿呈弓步状，身子稍微往后倾，信心满满地将最后一个纸壳发射出去。果真，静静的“将军”飞得很远，超出了敏敏的纸壳一大截。

静静：“看！厉害吧！”

敏敏：“不算不算，你刚才超越了起点线。”

静静：“没有，刚才我就是站在起点线上发射的。”

敏敏：“没有，我看到你踩在起点线上了，你要重新发射。”

静静：“好！你看！”

静静再次站在起点线上发射了她的“将军”纸壳。“将军”果然很厉害，还是超越了敏敏的纸壳一大截。

敏敏：“为什么你的纸壳发射得那么远？”

静静：“因为它是我的‘将军’，所以很厉害。”

敏敏赶紧好奇地上前观察起静静的“将军”，她把静静的“将军”拿起来看一看、摸一摸，还拿出自己的纸壳和“将军”对比，掂了掂它们的重量。

敏敏：“静静，我知道你的‘将军’为什么比较厉害了。”

静静：“为什么？”

敏敏：“你的纸壳比较厚，也比较重，所以你才会赢了我。”

教师的思考：大班幼儿懂得运用感官看一看、摸一摸或者掂一掂等方法，判断物体的轻重以及厚薄。静静在前三次发射纸壳都输了的情况下，发射了她的“将军”，从而获胜。但是由于敏敏的不服输，引发了两名幼儿对“将军”纸壳进行观察比较，最后得出了结论。教师应继续提供机会让幼儿探索什么样的纸壳会飞得更远，让幼儿集中观察、讨论不一样的纸壳发射后会有什么不一样的结果等，助力游戏的推进。

（六）我们还可以这样玩

幼儿在玩三角形纸壳的游戏上积累了丰富的经验后，教师继续追随幼儿的兴趣需要，提供了长方形纸壳。在自由活动时，烽烽发现了桌上不一样的纸壳，自己在一旁捣鼓了起来。

“老师老师，你快看，它翻过来了啊！”烽烽激动地叫教师看他的纸壳。

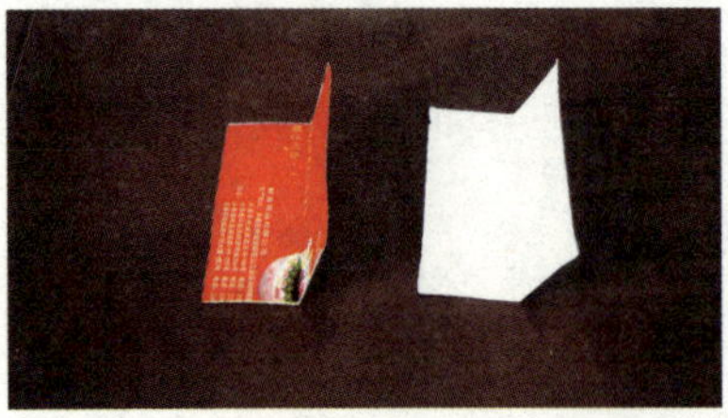

“哇，你是怎么把它翻过来的？”教师也惊喜地望着他。“我用嘴巴吹啊！”烽烽高兴地说着。

在集中活动的时候，教师先引导幼儿思考：“除了三角形的纸壳，你们觉得还可以有什么形状的纸壳？”幼儿讨论得很热烈，有的幼儿说正方形，有的幼儿说长方形，有的幼儿说六边形……

接着，教师请烽烽跟同伴分享刚才玩长方形纸壳的经历。其他幼儿觉得烽烽的玩法很有趣，对于新的纸壳非常感兴趣。“老师，我也要玩。”“我也要玩。”幼儿都举手想尝试玩新的纸壳。教师请部分幼儿上前玩长方形纸壳，但很多幼儿不能用自己的方法让纸壳翻过来。

教师：“我们回家请爸爸妈妈来教我们玩长方形的纸壳，好不好？”

幼儿：“好，我回家要跟我妈妈玩。”

晚上，很多爸爸妈妈把他们童年的玩法教给了幼儿。

第二天，在幼儿园里，幼儿用各种各样的方法让纸壳翻过来，有的幼儿用拍的，有的幼儿用脚扫，有的幼儿用衣服扇……

教师的思考：在积累了丰富的三角形纸壳游戏经验的基础上，教师充分利用家长资源，让他们把小时候玩长方形、正方形纸壳游戏的经验教给幼儿，激发幼儿对玩不同形状纸壳游戏的兴趣，拓展了游戏玩法，提升了游戏水平。

（七）巧取纸壳

早上，受台风的影响，下起了小雨。户外活动改为室内活动，大家摆好了桌椅，小雅、小彬、轩轩在美工区的角落里玩“拍纸壳”。

正玩得起劲的时候，轩轩的纸壳飞到了柜子下面。柜子很重，他们急忙过来求救：“老师，你能帮我们搬一下柜子吗？”教师问：“怎么了？”轩轩说：“纸壳飞到柜子下面去了，拿不出来。”教师说：“这个柜子太重了，我也搬不动。你们想想有没有什么好办法可以不用搬柜子，直接取出下面的纸壳。”

小雅找来一张卡纸试了试，卡纸太短了，纸壳没取出来。小彬找来了图画纸、泥工板和竹叶，可是动了半天，纸壳还是没有取出来。教师问：“怎么这么久还没取出来？”小彬说：“都太软了。”教师继续追问：“那怎么办？”小雅说：“我们益智区有竹签，竹签比较硬，应该可以的。”小彬和小雅来到益智区，发现竹签不够长，小雅说：“可以两根接在一起。”

小彬和小雅将两根竹签的端头用毛根缠绕在一起。竹签接好了，他们来到柜子边，将接好的长竹签伸到柜子下面。接头处的毛根卡在了柜子外面，进不去，小彬自言自语："毛根太粗了。"这时候，圆圆走过来说："用金线接吧，金线比较细。我来帮你们。"说完，圆圆找教师剪了几条金线，和小雅一起合作，依次将四根竹签用金线连接在一起，变成一根半米多长的细竹棍。竹棍刚好可以伸进柜子下面的细缝里。不一会儿，柜子下面的纸壳被取出来了。

教师的思考：随着幼儿年龄的增长及学习经验的丰富，幼儿解决问题的能力也在不断提高。在同伴或教师的提醒下，他们能够寻找生活中的不同物品来尝试解决问题。教师应少说多看，注重培养幼儿独立解决问题的能力，相信幼儿的能力，给他们发展的机会。在解决问题的过程中，幼儿之间也学会了相互配合。

（八）一起定规则

自由活动时间到了，小珈约小泽一起玩"拍纸壳"游戏。他们一起商量游戏规则：要用几个纸壳？

小珈说："我们一个人五个纸壳吧？"小泽说："好。"这时教师走过来说："你们的游戏规则可以画下来。"小泽找来了记录板和图画纸，两个人边商量边画，一起定了规则：1. 两个人一起玩；2. 站在同一条线上玩；3. 每个人五个纸壳；4. 一次扔一个，扔得远的人可以"吃"近的那个。

画好规则，两个人写上自己的姓名，将定好的规则用夹子夹在万通板上，放在场地旁。两个人开始玩起了"拍纸壳"游戏。

教师的思考：大班幼儿的计划性和目的性逐渐增强，游戏前已经能自己商量玩法和规则。在教师的引导下，小泽和小珈一起把自己商量后确定的规则画在纸上，这样，游戏的目的性更加明确。幼儿能够自己规定游戏的内容和规则是一个很大的进步，值得鼓励。

（九）游戏新玩法

今天，几个幼儿来到小舞台上玩"拍纸壳"的游戏。玩了一会儿，隔壁班的幼儿要到小舞台排练毕业典礼的节目，幼儿商量着要换个场地。他们一起来到体育器械室外的走廊上，从器械室里搬出一张桌子，当作起点，又玩了起来。场地比较小，纸壳不是飞到旁边的钻圈里，就是飞到台阶上。

小珈说："要不我们重新定规则，圈个范围吧。"这个提议得到了大家的赞同。琨琨说："我们把旁边围起来，（纸壳）飞到外面就算输了。"

于是，大家到器械室里找来了一些塑料棒，把四周围起来。小彬找来了两个长方形方框，小乐说："这两个长方形放这里，谁的纸壳飞到（长方形）里面就算赢。"

教师："两个长方形，飞到哪个是第一？哪个是第二？"

小彬："飞到红色长方形里的纸壳是第一，蓝色的长方形里的是第二。"

幼儿本来只是想找材料围一个游戏场地，见到器械室里的两个正方形方框，竟能想出新的游戏玩法，不再局限于飞最远的取胜。

于是，大家都同意了新的玩法：飞到红色长方形里的纸壳是第一，飞到蓝色长方形里的是第二；飞到界外就输了，离得越远越输。

有了新的游戏玩法，幼儿玩得更开心了。

教师的思考：大班幼儿喜爱有挑战性的游戏。多次玩纸壳游戏以后，有了一定的游戏经验，他们不满足于现有的游戏方法，想出了新的玩法。于是，把"纸壳击中小目标（红、蓝色的长方形）"和"不出界线"作为新的游戏规则，而不再是比谁的纸壳飞得更远了。新的材料给幼儿新的刺激，幼儿在游戏中也更加快乐。

六、游戏实施小结

"拍纸壳"游戏大家并不陌生，我们自己童年时代也玩过。它玩法不一，简单易学，趣味性强，契合幼儿的天性，给幼儿带来了无尽的欢乐。在组织民间游戏"拍纸壳"的过程中，教师深深地体会到要开展好民间游戏活动应注意以下几点。

第一，引发兴趣，引导幼儿自主参与。"拍纸壳"游戏，源于班级幼儿在一次自由活动时发现别班幼儿玩得很起劲，于是都过去围观。经过一番调查，幼儿了解到家里的爷爷奶奶、爸爸妈妈小时候也玩过这个游戏。在家里，有的爷爷开始教孙子孙女折起了纸壳，有的爸爸开始和孩子一起玩"拍纸壳"……

第二，制订规则，增强幼儿自我约束。游戏规则是游戏安全、有序开展的重要保障。只有幼儿在游戏中遵守游戏规则、提高自我约束能力，才能使幼儿在游戏中自主发展。游戏前，幼儿提出了要一起定游戏规则和玩法。规则要怎么商量？怎么定？教师把这些主动权都交给了幼儿。在之后的游戏中，他们都会把自己商量的结果"记录"下来，自觉遵守约定。

第三，竞争游戏，促进幼儿自主合作。“拍纸壳”游戏需要两三人或更多人才能开展，需要同伴之间的相互配合才能共同完成整个游戏。幼儿能自主选择自己喜欢的游戏伙伴，一起找材料布置游戏场地，一起商量玩法和规则，然后一起合作游戏，遇到困难一起解决。这个游戏具有竞争性，大班幼儿竞争意识都很强，都想赢得对方，所以团队的合作显得很重要。例如，在活动“团队合作赛”中，同一战队的幼儿在游戏的时候会相互鼓励，相互支持。小翔是“老虎队”的战友，其中有一回合，小妍、多多、小宇出战，为了战胜其他队友，小翔说：“我们要用最强大的纸壳才能赢。”他找出了“老虎队”里最厚实的一个纸壳给小宇，用这个“最强大的纸壳”帮助同伴获胜。

第四，提升游戏，让幼儿获得数学知识。在两个纸壳出现远近模糊的情况下，大班幼儿能主动想办法，寻找辅助材料来解决他们所遇到的问题，因此引出了“自然测量”的数学知识。教师及时组织幼儿讨论如何正确测量纸壳的远近，并引导幼儿学习正确的测量方法，体现了幼儿在玩中学的学习特点。

第五，创新游戏，推进游戏的发展。幼儿已经积累了拍三角形纸壳的经验，懂得正确发射纸壳，或选择合适的纸壳来玩。在玩三角形纸壳游戏的基础上，教师继续追随幼儿的兴趣和需要，不断推进游戏的发展，鼓励幼儿大胆创新。例如，学习翻纸壳、玩不同形状的纸壳等。

第三节　跳房子

一、游戏名称：跳房子

二、游戏玩法与规则

玩法：“跳房子”的人数不限，可两人玩也可多人玩。分成两组轮流跳，跳时先将石块（或瓦片、沙包）放在第一个方格外，跳者用一只脚将石块轻轻踢进第一格内，然后单脚跳进第一格内，用支撑脚将石块踢进第二格，依次进行下去，直至将石块从全部方格穿过。如果中途累了，可以在原地稍作休息。

如果在踢的过程中出现石块压线、出格或石块连穿两格的现象，都算失败，下一轮重新从第一格跳起。先到达终点者，要把石块放在脚背上，轻轻走出方格，先完成全套动作者为胜。

规则：必须将石块（或瓦片、沙包）一格一格地往前踢，不得出格，不得越格，不得压线。

三、游戏对幼儿发展的价值分析

“跳房子”的材料简便、易得，玩法具有较强的趣味性、娱乐性、多变性，适宜中、大班幼儿。中、大班幼儿的自我控制、自我约束能力正逐步增强，身体平衡能力不断发展，能够与同伴相互合作，愿意向同伴学习。此游戏对中、大班幼儿具有多方面的发展价值。

健康领域：幼儿在玩“跳房子”游戏时，情绪愉快，积极参与游戏，通过不同的跳法和不同的动作方式（扔、翻、托）等锻炼幼儿投掷、跳跃、平衡以及手眼脚灵活协调能力，在轻松愉快、自由自主的游戏氛围中促进身心发展。

语言领域：在游戏中，同伴之间交流、讨论出现的问题，并共同协商解决，语言表达能力得到提高。同时，幼儿边跳边唱简单押韵的童谣，这些童谣朗朗上口，易学易记，富有韵律美，有助于促进幼儿语言发展；幼儿能以图画和符号的形式表现游戏玩法、规则，有助于促进幼儿前阅读能力和前书写能力的发展。

社会领域：幼儿交流、协商游戏玩法和规则，并互相监督，共同遵守，有助于培养幼儿良好的品质及解决问题的能力。幼儿在游戏中享有充分的自由，自娱自乐，情绪轻松，没有心理压力。游戏带有竞争性，能让幼儿体验成功的喜悦，心理得到极大的满足，增加自信心和成就感。面对失败，也可以让幼儿克服自身弱点，继续参加游戏，培养幼儿承受挫折的能力及活泼开朗的性格。

科学领域：在游戏中，幼儿可以根据自己的兴趣把房子画（摆）成各种形状，有助于巩固和提高幼儿对形状的认知和分辨能力；房子中的数字有利于促进幼儿对抽象数序的理解，懂得说出第几排第几格；朝不同距离投掷石块，能增进幼儿对空间位置的感知，发展目测能力；通过踢石块，幼儿能探索踢不同形状、重量的石块所需要的力量；不同格子、数字的排列，有助于幼儿体验事物的排列规律和特点，并且创造出新的排列方式，促进幼儿智力开发，创造力也得到相应提高。

四、对应《指南》中的学习与发展目标（5～6岁）

领域	《指南》中的学习与发展目标
健康	（二）动作发展 目标1　具有一定的平衡能力，动作协调、灵敏 目标2　具有一定的力量和耐力 2. 能单手将沙包向前投掷5米左右。 3. 能单脚连续向前跳8米左右。
语言	（二）阅读与书写准备 目标3　具有书面表达的愿望和初步技能 1. 愿意用图画和符号表现事物或故事。
社会	（一）人际交往 目标2　能与同伴友好相处 2. 活动时能与同伴分工合作，遇到困难能一起克服。 3. 与同伴发生冲突时能自己协商解决。 （二）社会适应 目标2　遵守基本的行为规范 1. 理解规则的意义，能与同伴协商制定游戏和活动规则。
科学	（一）科学探究 目标2　具有初步的探究能力 2. 能用一定的方法验证自己的猜测。 3. 在成人的帮助下能制定简单的调查计划并执行。 4. 能用数字、图画、图表或其他符号记录。 5. 探究中能与他人合作与交流。 （二）数学认知 目标1　初步感知生活中数学的有用和有趣 2. 能发现生活中许多问题都可以用数学的方法来解决，体验解决问题的乐趣。 目标2　感知和理解数、量及数量关系 3. 能通过实物操作或其他方法进行10以内的加减运算。 目标3　感知形状与空间关系 1. 能用常见的几何形体有创意地拼搭和画出物体的造型。

五、游戏实施过程与纪录

（一）采访爷爷奶奶会玩什么民间游戏

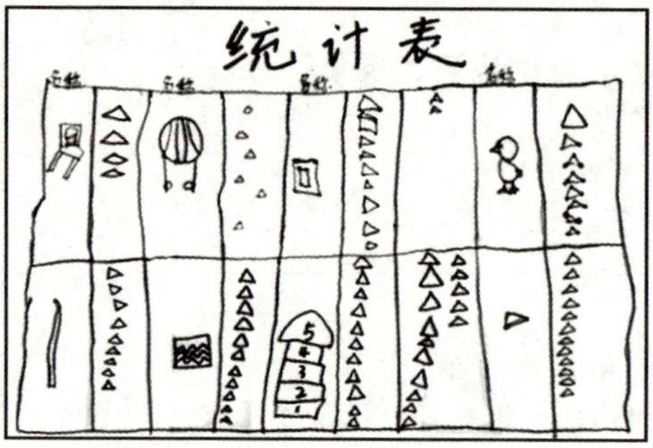

教师为了开展民间游戏活动，发放了调查表。在家长的配合下，幼儿的调查表画得满满的。采访对象有爷爷奶奶、爸爸妈妈等，幼儿拿着调查采表与同伴分享自己的收获。

琪琪：“我爷爷玩过跳房子、滚铁环、捉人、捉迷藏。”

杭杭：“我妈妈会玩跳皮筋、扔沙包、翻花绳……”

教师：“你们收集到了这么多的民间游戏，有的是一样的，有的是连老师都没听说过的。一样的有几个？可以算出来吗？怎么算？”

晗晗：“一个一个地数。”

乔乔：“数不完的。”

桐桐：“画张表格统计，一样的画个‘△’，最后加起来。”

教师：“这个办法真好，你们懂得用统计的方法了。”

在教师的指导下，幼儿分小组统计各种游戏的数量。

在分享调查表的过程中，幼儿将数学中的统计方法运用到计算游戏数量中，说明幼儿的抽象思维能力已经萌发并迅速发展着。

乔乔：“我发现会玩‘跳房子’的人最多。”

教师：“嗯，会玩‘跳房子’的人最多，看来这个游戏真的很好玩。”

晗晗：“我们也要玩‘跳房子’。”

教师：“可以，我们先看看需要准备什么。”

乔乔：“我爷爷说了，要扁扁的小石头。我家里有，明天带来。”

杨杨：“我妈妈用的是沙包。”

晗晗：“还要画一座房子。”

教师：“我们幼儿园哪里可以玩‘跳房子’？”

乔乔：“‘民间游戏城’有三座房子可以跳，我看到过。”

教师：“乔乔小朋友带小石头来，器械室有沙包可以直接拿来用，明天早

金教鞭

上我们就可以玩了。"

教师的思考：幼儿通过对爷爷奶奶、爸爸妈妈进行采访，然后进行统计，最后发现"跳房子"是最受欢迎的民间游戏，由此引发了幼儿玩"跳房子"游戏的兴趣，并且自发地从调查表中探索所需的材料、玩法。有了这样的初步认识，幼儿开始讨论要如何玩这个游戏，互相交流着彼此从父辈、祖辈处得到关于这个游戏的信息，并计划着要利用明天早上的户外时间来玩这个游戏。民间游戏从祖辈延续到了幼儿这一辈，这便是传承。

（二）我们会自己设计房子

今天自由活动时，幼儿兴高采烈地来到了"民间游戏城"，一幅幅生动形象的民间游戏画面立刻把幼儿吸引了。

芳芳："看！这图里的小朋友在放风筝，这图里的小朋友在玩'挤油'，这图里的小朋友在玩滚铁环。"

汐汐："还有，这图里的小朋友在玩'老鹰捉小鸡'，我们经常玩，可有趣了！"

扬扬："这是'跳房子'游戏，房子是画在地上的，我和姐姐经常在家里玩这个游戏。"

梓梓："我也会玩，我和爷爷在家里一起玩，就是一格一格地向前跳。"

这时候，教师也好奇地走了过来，参与幼儿的讨论。

教师："小朋友，你们知道'跳房子'游戏是怎么玩的吗？要准备什么？"

翔翔："老师，我知道，就是从房子上跳下来！"

大家听了翔翔这句逗趣的话，一片哄笑。

扬扬："我姐姐玩'跳房子'时，先在地上画一格一格的格子，然后在格子里写数字。"

梓梓："对，可以把房子画在地上，这样就可以在地上跳。"

教师："哦，原来玩'跳房子'的游戏要先画一座有格子的房子，然后写上数字，谁能在黑板上画一画？"

在教师的鼓励下，班上三个幼儿自告奋勇地举起手，他们分别设计了三座不同的房子。

从这三座房子来看，大班幼儿能够独立画好房子图以及在房子图中注重体现三个要素（房子、格子和数字）。在这个过程中，幼儿进一步感知数学的有用和有趣，尝试将顺数和倒数的知识应用到房子设计中，加深了他们对基数概念、序数和图形组合的理解和运用。

教师：“你们看，这三座房子有什么不一样？”

扬扬：“数字排列不一样，第一座房子数字 1 到 10 是从上面往下面排列，第二座房子数字 1 到 10 是从下面往上面排列的。”

梓梓：“第三座房子格子很多，数字也很多。”

芳芳：“老师，我也想自己设计房子图。”

芳芳的话音刚落，其他幼儿也嚷着要设计房子图。于是，教师满足他们的需要，提供了纸和笔让他们大胆想象，大胆作画，并在房子图上编数字。

教师的思考：从幼儿的讨论中发现，他们对“跳房子”游戏产生了浓厚的兴趣。教师适时介入，提供机会让幼儿大胆设计房子图，充分体现幼儿的自主性。在设计房子图时，能力强的幼儿能大胆尝试运用顺数、倒数的排列方式，或者将不同的图形进行组合、划分等，从而达到进一步积累相关的数概念以及发展空间知觉和方位知觉等目的。能力比较弱的幼儿，设计的房子图结构单一，甚至个别幼儿数字倒着写。针对这样的情况，教师要有针对性地进行个别指导，帮助每个幼儿在原有的基础上获得发展。

（三）我们一起来画房子

今天天气晴朗，幼儿相约来到了幼儿园的架空层。扬扬、凡凡、翔翔等几个幼儿又围绕着“跳房子”这个游戏开始讨论了。

扬扬：“我们要在地上先画一座房子，有了房子才能玩游戏。”

翔翔：“房子里面的数字不能太多，数字如果太多了，我们就不会写。”

凡凡：“我们用粉笔画房子吧！在家里玩游戏时，我妈妈也是用粉笔画房子。”

翔翔：“这个主意好，粉笔有很多颜色，像我们的彩笔一样，我也想画。”

汐汐：“我们一起合作吧，有的人画房子，有的人写数字。”

就这样，画房子的序幕拉开了，大家专注而又忙碌地设计不同造型的房子。转眼间，一座座栩栩如生的房子图展现在地面上。幼儿非常开心地开始玩“跳房子”的游戏了，教师也饶有兴致地在旁边观察着。

教师：“汐汐，你们画的房子可以玩游戏吗？”教师发现汐汐他们画的房子的格子特别小，就好奇地问。

汐汐："老师，可以的，你看！"他兴奋地一边说一边跳进格子里。

凡凡："汐汐，你的脚踩线了，你犯规了。"

扬扬："是呀，汐汐，你看，你的后脚跟踩线了，你被淘汰了。"

汐汐停下来看，发现自己果真踩线了，只好退了出来。

接下来翔翔上场了，只见他只踮着脚尖跳进第一个格子。

翔翔："哈哈，这样就不会踩着线了。"他一副得意扬扬的样子。

扬扬又嚷起来："翔翔！你也踩到线了，你也被淘汰了。"

原来翔翔脚太酸了，无法继续踮着脚尖向前跳，因此也踩线了。翔翔也甘拜下风地退了下来。

这时候凡凡上场了，只见她用侧身跳的方法，让右脚横着进入格子，第一步成功了，没有踩到线，可是她跳第二步时踩到线了，也失败了。其他幼儿也纷纷跳进格子里试，但是都失败了。

凡凡叹了一口气："唉，格子太小了，一直跳不进去。"

扬扬："我们想个好办法，把格子变大。我们去拿一条绳子吧，用绳子来比一比，让每个格子都跟绳子一样长。"

凡凡："我有一个更好的办法，我们一边跳一边画，每个格子都先跳进去试一试，然后再把它画下来。"

幼儿在设计房子图时，只考虑房子的造型，而忽略了更应该考虑的格子大小这个问题，所以出现了因格子小跳不进去的情况。遇到了这样的问题，大班幼儿能积极动脑筋想办法进行应对。

大家赞同了凡凡的主意，又开始忙碌着画房子。瞧！他们既分工又合作，扬扬向前跳一步，凡凡就画下一格，其他幼儿也时不时跳进格子里比一比，就这样，一座拥有大格子的新房子出现了……

教师的思考：事先让幼儿在家体验玩"跳房子"游戏，帮助他们积累了初步的游戏经验。在今天的游戏中，他们借鉴了在家里玩游戏的经验，提出了房子里的数字不宜太多以及选择运用粉笔这种便捷的材料作为画房子图的工具等。另外，大班幼儿合作意识强，懂得协商与分工，但是由于他们的空间感知能力还处于发展期，所以他们在设计房子时，难以通过目测画出真正适合他们玩游戏所需的房子图。因此，今天幼儿设计的房子格子太小，所以游戏中出现了踩线犯规。针对这种情况，教师平时要多提供机会发展幼儿的空间知觉，提高他们的空间感知能力。

（四）我们一起来拼房子

在上一次游戏中，幼儿画的房子太小了，影响了游戏的开展。教师组织幼儿针对这个问题进行讨论，让他们商量解决问题的办法，其中汐汐提出的拼房子的主意得到大家的赞同，于是大家利用今天的游戏机会进行尝试。

活动开始了，汐汐、芳芳等几名幼儿找了拼房子的材料（花片、毛线、泡沫垫和短绳），她们先利用泡沫垫在地上拼了座房子。芳芳迫不及待地踩到泡沫垫上面，泡沫垫立马滑开，芳芳差点滑倒，房子图也变形了。

芳芳："这样的房子不行，泡沫垫板太滑了。"

汐汐："对呀，用泡沫垫拼房子虽然很快，但是不能玩游戏，我们换其他材料拼房子吧。"

霖霖："我们用毛线试一试。"

他们用毛线摆出了房子的轮廓。

汐汐："房子的轮廓完成了，我们用粉笔画房子里面的格子吧。"于是，他们用粉笔画了 8 个格子。

涵涵："房子里还要画上数字。"

汐汐："用粉笔画上数字。"

涵涵："还是用其他材料吧，上次游戏时，用粉笔画的数字就被踩模糊了。"

芳芳："咱们用花片试一试，我见过其他小朋友有用花片拼房子、数字、小动物。"

大家同意了芳芳的意见，一起动手选择花片进行拼搭，他们用花片在格子里拼出了数字 1～7。房子拼好以后，他们又开心地玩起了"跳房子"的游戏。

教师的思考：在今天的游戏中，幼儿大胆尝试运用不同材料进行拼房子的探究，体现出大班幼儿对空间、形状、数字具有较强的感知能力和表征能力。在探究中，他们通过不断尝试验证，寻找拼房子的适宜材料，最后拼出一座可以用来游戏的房子。这也体现了大班幼儿有较强的分析和解决问题的能力。在今天游戏的基础上，教师将继续引导幼儿探究更多适宜拼房子的材料，为他们提供最大的支持，引导他们继续设计不同造型的房子、不同数量的格子、不同的数字等。

（五）我们会设计蘑菇房子和城堡房子

最近一直下雨，幼儿没有办法到“民间游戏城”去玩“跳房子”的游戏，但是泽泽、涵涵、杭杭、桐桐等小朋友坚持要玩“跳房子”的游戏。

涵涵：“可是我们活动室里没有房子，我们要怎么玩呢？”

泽泽：“我们可以自己在地板上画。”

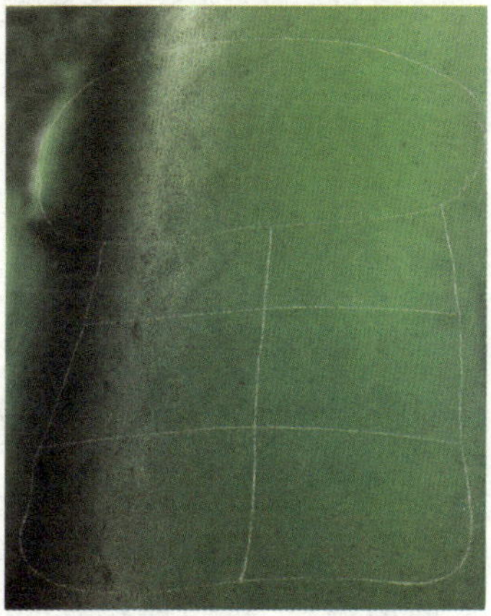

涵涵：“自己画？用什么来画呢？”

泽泽：“‘民间游戏城’有粉笔，我们就用粉笔来画房子。”

于是泽泽和涵涵就跑去“民间游戏城”拿来了粉笔，在走廊地板上画了房子。两个人边画边讨论：“房子是长方形的，有三层，房顶是半圆形的，就像小兔子的蘑菇房，所以这是蘑菇房。”画好后，两个人就开心地玩起“跳房子”的游戏。

幼儿的游戏水平越来越高，活动室里没有绘制好的房子，他们能根据自己的游戏经验和平时的发现，找到了可以绘制房子的粉笔，并能两个人合作，通过图形组合画出房子，并将房子命名为“蘑菇房”。

桐桐：“你看他们用粉笔画房子，我们也用粉笔来画房子吧。”

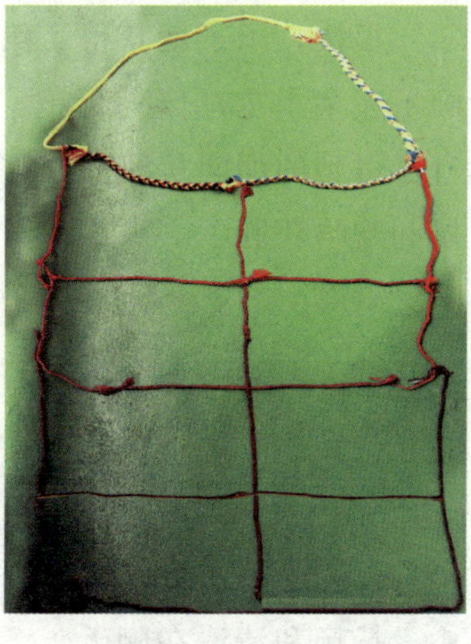

杭杭：“不，我们可以和他们不一样，我们用毛线围出一座房子，更好看！”

桐桐：“好啊，毛线做出来的房子更漂亮，地板也不会画脏。”

杭杭跟桐桐跑到体育器材室，拿来了毛线，用毛线围成一座房子。杭杭一边和桐桐围房子，一边说：“我们的房子也是长方形，有四层，但我们的屋顶是三角形的，和泽泽他们的房子不一样，我们的是城堡。”画好后，两个人开心地玩起“跳房子”的游戏。

教师的思考：在今天的游戏中，大班幼儿因地制宜、因材制宜地运用粉笔和毛线设计不同造型的房子。在画房子、围房子的过程中，幼儿对几何形体、形状与空间关系的感知等都在不断地提升。他们今天自创出来的房子虽然屋顶形状不一样，但房间数字、玩法还是模仿"民间游戏城"中相对比较简单的"蘑菇房"，而相对比较复杂的八格房还未出现在活动室中。或许，可以考虑在走廊上贴一个相对固定的八格房，看看幼儿是怎么玩的。幼儿在玩"跳房子"游戏时都是两个人一起玩，玩的少，围观的多。由于场地限制，大部分幼儿的游戏需求无法得到满足。什么时候会出现团体玩"跳房子"呢？这也是教师很关注的问题。

(六) 四个人的"跳房子"游戏

桐桐和子子约好两个人要一起玩"跳房子"的游戏。当两个人用毛线把房子拼搭好并开始游戏时，辰辰和晗晗走了过来说："我们可以和你们一起玩吗？"

桐桐："当然可以啦！"

子子："那四个人要怎么玩？之前我们都是两个人玩的。"

桐桐："我们现在有四个人，正好两个人一队，互相比赛，看最后哪队得到的房子多，哪队就获胜。"

大家都同意了。分队时，晗晗和桐桐自愿组成一队，子子和辰辰组成了一队。开始游戏时，桐桐说："我们要排队进行游戏，这样有顺序，才不会乱。"大家一致赞同，经过协商自觉地排成一队进行游戏。

很快，子子就获得了第一间房子，她很开心地在自己得到的那间房子里画了一朵小花，作为标记，表示占有房子。桐桐也获得了第一间房子，她在自己得到的那间房子里画了一个蝴蝶结，表示占有房子。几轮游戏下来，桐桐和晗晗获胜了。

教师的思考：从最初的两个人玩，变成现在四个人分两队比赛的玩法，体现了大班幼儿的团队意识、竞争意识。幼儿自己商量并制订了新的游戏规则，占到房子后，用更加漂亮、复杂的图形来做记号，传统的民间游戏在这里不断得到创新。

(七) 游戏的新玩法——九格房

扬扬和清清在聊天。

扬扬："你有没有看'奔跑吧，兄弟'，他们玩的游戏叫'田间一条龙'，很有趣。"

清清：“有啊，我和爸爸妈妈一起看，太刺激了。我最喜欢邓超，他很搞笑。鹿晗跑得很快。有一个人在游戏中是跑得很快，可是他不懂得玩，两次都找不到自己队的东西，差一点就五点连成一线，结果被鹿晗那队赢了。如果是我，我会很仔细地观察横线、竖线、斜线再放锅刷的。”

扬扬：“我也觉得很好玩，要不我们在八格房上玩这个游戏吧。”

清清：“要怎么玩呢?”

两个小伙伴来到走廊的八格房比画着：竖的可以四格连在一起，横的只有两格，斜的也只有两格。怎么看都和“田间一条龙”不像。他们又去棋区拿了教师自制的简易五子棋板对照，发现竖线要很多条，现在场地根本画不下。

教师：“你们可以到右边的走廊重新画。”

于是，他们拿着粉笔在地板上画着，边画边数。可是场地太窄，总是无法画到五格。

清清：“我知道了，我们画九格房吧。我在绘本《方格子老虎》里看到小动物们在方格子老虎身上玩棋子，就是九宫格。我们来一起画。”

画好了，清清说：“我们就按平时‘跳房子’的游戏来玩，看谁最后占到的房子连成一条线，那谁就算赢。”

扬扬：“我们可不可以看着房子扔，背对着扔不准，很难占到房间。”

清清：“好吧，看谁占的房间先连成一条线吧。”

两人开始玩游戏，扬扬在自己占到的房间画五角星的标记，清清在自己的房子画爱心的标记。几轮游戏下来，扬扬占的房间率先连成了一条线。所以扬扬获胜。

教师的思考：大班幼儿有比较丰富的生活、游戏、学习经验，还能在游戏过程中对这些经验进行迁移，结合游戏场地、材料等对游戏进行创新。在九宫格房子游戏中，幼儿对空间、图形的感知不断提升，在反复画格子的过程中，对图形的多种排列方式进行不断尝试。同伴之间不断合作、协商，共同解决游戏中出现的问题。在投掷沙包时，他们还能运用已有的玩五子棋的经验，调动多种感官将沙包投到自己需要的房子格里。幼儿还能借鉴综艺节目的玩法探索出新的玩法。幼儿的表现真的给了教师很大的震撼。

（八）边念童谣边玩“跳房子”游戏更有趣

棋棋、凯凯、滨滨和楠楠一起在玩“跳房子”的游戏。楠楠在跳，教师听见四个幼儿都在念：“捡石子，丢石子，跳呀跳房子，左脚抬，右脚跳，转了一圈换脚跳。”听着好像一首童谣，教师很好奇。

教师：“哇，你们边玩边念的是什么呀？我好像都没听过，但我觉得你们念得很好听，能和我分享一下吗？”

幼儿七嘴八舌地说：“是《跳房子》，官老师昨天念的，她说是潘老师教她的，她教我们了，和我们玩的八格房一样。”

教师：“你们能教我念吗？”

凯凯开心地说：“好啊！”说完就愉快地念了起来。教师也跟着凯凯学了起来，大家都跟着念了起来，幼儿越玩越开心，童谣也念得越来越大声，连在一边跳毛线蘑菇房的幼儿也被吸引了，大家一起开心地跟念起了童谣。

教师的适当示弱，激起了幼儿当小老师的愿望。在幼儿教教师童谣的过程中，凯凯对童谣越来越喜欢，越来越熟练，越来越有自信心。越来越多的幼儿和教师一起念。

教师的思考：童谣的加入，幼儿边跳边唱童谣，不仅让幼儿的情绪更放松，还有助于促进幼儿的语言发展，也增强了幼儿的记忆力。简单、有趣的童谣给“跳房子”这个游戏增加了更多乐趣。

（九）比比谁投得更准

户外活动开始了，芳芳和汐汐一起玩“跳房子”游戏。

汐汐：“这座房子里有数字，我们比比谁能用沙包投中有数字的格子。”

芳芳：“好，可是如果正面投掷那就没有挑战性，咱们背过身来投掷，看谁能投中。”

汐汐：“好。”

两人用“剪刀石头布”的方法决定谁先投掷，芳芳赢了。只见芳芳很快就跳到房子里的数字前面，然后她将身体转过来，背对着数字往后投掷，结果沙包投在线上，没能得分。

汐汐：“哈哈，你没有打中数字。我来试一试。”她也失败了。

大家玩了几轮游戏，几次尝试运用背面对着数字往后投掷的方法，结果都失败了。

汐汐："太难了，背对着数字往后投掷，眼睛都看不到数字，怎么能投中呢？"

芳芳说："是呀，怎么办？"

汐汐："有了，我想了一个好办法。我们可以用下腰动作来投掷，这样眼睛就可以看到数字。"

芳芳："这个主意好。"

汐汐："我来试一试。"

汐汐跳到房子里，背过身慢慢地向后下腰，眼睛看着数字，右手小心翼翼地将沙包放到数字 4 的格子里，她成功了。

汐汐："这个办法太好了，我得了 4 分。"

芳芳也用同样的办法将沙包投进了数字 10 的格子里。

芳芳："我得了 10 分，你得了 4 分，我赢了你 6 分。"

汐汐："再来一次，这次我要投 10 分。"

游戏就这样充满挑战和竞争进行着……

教师的思考：在今天的游戏中，幼儿不断地创新玩法，将自己的下腰本领融入游戏中，提高游戏的趣味性和挑战性。但是，由于下腰的动作具有一定难度和危险性，所以教师提醒其他幼儿不要轻易模仿，要根据自己的情况量力而行。在下次游戏中，教师要在今天幼儿已有背对着数字投掷经验的基础上，进一步拓展幼儿的思路，让他们继续讨论其他的投掷方法，如蒙眼根据语言提示投掷等，还要引导幼儿在游戏中记录和统计分数，提高他们的数学能力。

（十）我们把游戏规则画出来

今天早上，凯凯和堃堃正在跳八格房。

凯凯："你看，你踢的石头已经压线了，你输了，换我了。"

堃堃反驳："我才没有压线。"

"你就是压线了。"凯凯大声说。

两个小伙伴趴在地上观察着石头，最终发现堃堃的石子真的压线了。

凯凯："游戏前我们已经定了游戏规则，规定石头压到线就算输了。"

堃堃："刚才我们定了这个规则吗？"

凯凯："当然有啊！这样吧，我们先停止游戏，一起商量一下游戏规则，然后拿笔和纸把规则画下来，我们要一起遵守规则才能玩游戏。"

这里他们已经有了"口说无凭，立字为据"的意识。经过协商，共同制订出游戏规则，并且在游戏过程中以规则自我约束，互相监督。

凯凯和堃堃跑回教室，拿了笔和纸，两人边商量边画规则。画好规则后，他们还找教师要了一块板、一条绳子和一个挂钩。他们把画好的规则贴在板上并用绳子挂在钩子上，然后把规则挂到八格房旁边的墙壁上。两人玩之前又一起看着图念一遍一起定的规则才重新开始游戏。这次游戏，没有再听见两人的争吵。

教师的思考：当他们把这个方法分享给全班幼儿的时候，大家都肯定他们的做法。在之后的游戏中，"蘑菇房""九宫格房""竹条房"等也出现了幼儿自己表征的游戏规则，并且也挂在相应的游戏场地旁，可以让更多的幼儿遵守这些游戏规则。在游戏中如果又出现了新的问题，他们也会对这些挂在墙上的规则进行调整。自己协商制订游戏规则，不仅让幼儿的规则意识增强了，表征能力也得到了提高。

六、游戏实施小结

在和幼儿一起玩民间游戏的过程中，教师是幼儿游戏的观察者、参与者、引导者和支持者，教师也体验到了民间游戏的乐趣。在幼儿游戏的过程中，教师也常常和幼儿一起玩，幼儿也时常会成为教师的小老师，教教师不一样的玩法，教教师念童谣，师幼一起体验游戏的快乐。

（一）在游戏中看到幼儿自己解决争执问题的能力

以前教师总是认为幼儿年龄小，能力不够，很多事情需要成人来替他们完成。在游戏中，教师发现，给幼儿多一点信任，他们就能把事情做得很好，比我们想象的更棒、更强。例如，堃堃和凯凯因为没有制订好压线算不算输的游戏规则，所以出现了争吵，两个幼儿争执不下。教师在旁边看到了，本想是不是应该给予堃堃和凯凯一些建议，让他们可以顺利地解决问题。没想到两个幼儿协商出了解决问题的办法：把游戏规则画下来，并共同遵守。当堃堃跑来跟教师说要绳子、板、纸张等材料时，教师担心他们没有通过自己绘画来制订规则的经验，便对他们说："需要老师帮忙的话，可以告诉我。"可是他们却对教师说："不用了老师，我们自己能完成的。"他们俩一边讨论一边画规则："如果石头压线就算输，如果掉进粪坑就算输……"直到规则板挂上墙后才再次开始游戏。再出现问题时，他们会再协商，重新制订游戏规则，从而让游戏得以继续下去。教师没有想到幼儿能自己想出办法解决问题，而教师始终就是个旁观者。所以，很多时候不是幼儿做不到，而是我们给予的信任不够。

（二）在游戏中看到幼儿创新游戏玩法的能力

游戏开展了一阶段以后，幼儿有了丰富的游戏经验，他们对游戏开始不断创新。首先，幼儿对游戏材料进行创新，为了更方便地游戏，他们尝试运用粉笔在地上画房子，自主选择花片、毛线、泡沫垫等材料进行房子拼搭。杭杭还把班级科学区长短不一的木条拿来拼成了一座木条房。其次，在对材料进行创新的同时，幼儿对游戏玩法也进行创新，他们尝试了多人游戏、九宫格游戏、下腰投掷沙包等玩法。在不断创新的过程中，幼儿的游戏水平不断提升，游戏进程不断推进，幼儿的规则意识、创新能力、语言表达能力、交往能力等也都伴随着游戏的开展而不断提高。

第五章　常见民间游戏玩法与玩具制作

怀特海在《教育的目的》中指出："运用最简单的工具获得最大限度的知识，这就是最好的教育。"民间游戏既有徒手的游戏，也有简单器械辅助的游戏，所需要的条件很简单，但所蕴藏的教育价值很高。要把民间游戏融入幼儿园课程，教师首先要熟悉民间游戏的玩法和民间游戏玩具的制作，并能从课程的角度了解民间游戏及其蕴含的教育价值。

随着社会的发展，民间游戏及其玩具已逐渐淡出现代人们的视野。为了更进一步地做好优秀传统文化进课程的研究与传承工作，充分发挥优秀传统文化的育人功能，我们以幼儿园课程的视角收集与整理了一些常见的民间游戏与相关玩具的制作（前文已介绍者不重复出现），供幼儿园一线教师参考。

第一节　常见民间游戏玩法

吹　羽　毛

材料：羽毛。

玩法：把羽毛放在桌上，幼儿位于桌子两侧，同时吹羽毛，将羽毛吹落在距离对方近者为胜（吹至桌子外，游戏重新开始）。

价值：锻炼幼儿的肺活量。

温馨提示：桌子边的场地要宽敞，无障碍物，防止幼儿撞到。

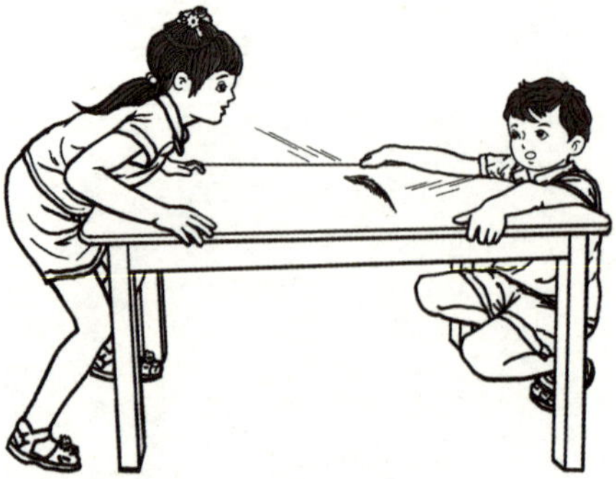

剪刀石头布

玩法：①两个幼儿先各自握紧拳头，其中一人或者两人一起念口令“剪刀石头布”；②在念出最后一个音节“布”时，两个幼儿同时出示自己想好的手势，以此判断输赢（石头克剪刀，布克石头，剪刀克布）：剪刀（中指和食指伸直，其余手指握紧），石头（握紧拳头），布（五指伸直，张开手掌）。

规则：念出最后一个音节“布”时，两个幼儿同时出示自己想好的手势，不能变动。如果双方出示了一样的手势，就是平局。

价值：发展幼儿手部动作的灵活性；训练幼儿反应的灵敏性。

温馨提示：游戏时双方要保持一定的距离；可延伸到用脚游戏。

拍 手 背

玩法：①两个幼儿以“剪刀石头布”方式决定谁先拍手；②先拍手者掌心向上，并将手放在对方的手心下面；③看准机会抽回手掌，并从上面去拍对方的手背；④成功拍到对方的手背，可继续拍；若是拍空，两人交换角色。

规则：猜拳胜利者先拍；先拍者掌心向上，并将手放在对方的手心下面。

价值：训练幼儿灵敏的反应能力。

温馨提示：两个幼儿中间没有人或物，防止被拍到。

叠　高　楼

玩法：①甲、乙两人面对面，甲伸出一只手，手背朝上，乙用一只手的拇指和食指捏住甲的手背；②甲用另一只手的拇指和食指往上捏住乙的手背，乙也用另一只手的拇指和食指捏住甲的手背；③甲抽出最下面那只手快速移到最上面，捏住乙上面那只手的手背。甲、乙两人双手交替进行游戏，直到无法够着的高度。

规则：每次最下面那只手要快速移到最上面捏住另一人的手背。

价值：增进幼儿同伴间的情感；培养幼儿的快速反应能力。

温馨提示：不可用力捏伤同伴。

摸　　鼻

玩法：①幼儿两人一组，面对面站立，先用“剪刀石头布”决出先拍的人；②拍人者边轻拍同伴手心，边同时说出身上任一部位的名称，被拍者要迅速摸相应的身体部位；③被拍者做对则为胜，交换角色，继续游戏；被拍者做错则为输，不交换角色，继续游戏。

规则：拍人者拍的同时要说出身体部位名称，被拍者要迅速摸身体的相应部位。

价值：训练幼儿思维、动作反应的灵敏性；增进幼儿同伴间的情感。

温馨提示：拍手时注意力度。

拉　大　锯

玩法：两个人面对面坐下，双手对拉，配着童谣，身体一前一后有节奏拉动。

规则：两人的手要拉紧，不松开。

价值：增进幼儿同伴间的情感；培养幼儿的节奏感。

温馨提示：游戏场地要平坦、舒适；拉的时候注意力度，不能用力过猛；可亲子游戏。

拉大锯（童谣）

拉大锯，扯大锯，
姥姥家唱大戏。
妈妈去，爸爸去，
小宝宝也要去。
拉大锯，扯大锯，
你过来我过去。

挑　小　棒

材料：10～15 厘米的竹签、树枝等小棒若干。

玩法：①两人一组。通过商议或“剪刀石头布”等形式决定一个幼儿先玩。先玩的幼儿把一束小棒握在手中，一端立在桌面，松开手，让小棒散落在桌上；②先玩的幼儿任意取出一支小棒当挑竿，依次将散落的小棒挑起；③两人轮流挑小棒，每次挑一根，且不能碰到其他小棒。如果碰到其他小棒，就要轮到另一个人接着挑棒；④游戏依次进行至所有的小棒挑完，所得小棒最多的幼儿为胜。

规则：每次只能挑一根，挑小棒时不能碰到其他小棒。

价值：发展幼儿的观察力、手眼协调能力、点数能力。

温馨提示：小棒要光滑；不可将小棒对着眼睛。

称 猪 仔

材料：小石头（事先将小石头打磨得大小一样、表面光滑）若干。

玩法：将小石头放在手掌心，然后翻转手腕，让小石头落在手背上，手背上的小石头多者为胜。

价值：锻炼幼儿手的灵活性；发展幼儿的手眼协调能力。

温馨提示：小石头的大小、重量要适宜，表面要光滑；不可对着人随意扔石头；小石头可用小沙包等物替代。

竖 托 棒

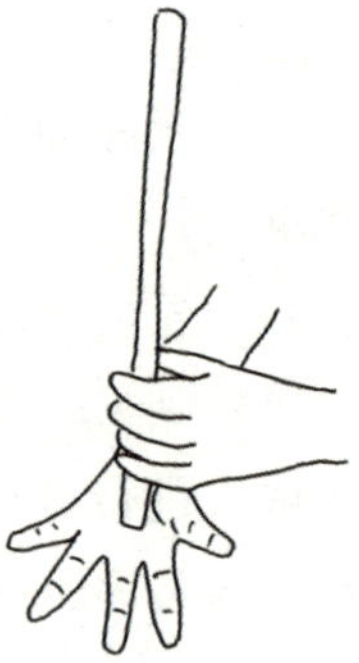

材料：50 厘米左右的木棒。

玩法：将木棒竖立在自己的手掌设法保持平衡，持续的时间长或行进的距离远者为胜。

价值：发展幼儿的平衡能力。

温馨提示：木棒的粗细、长短、轻重要适宜；游戏场地要平坦无障碍。

竹 蜻 蜓

材料：竹蜻蜓。

玩法：先用双手掌夹住竹蜻蜓的竹柄前后捻动，再快速搓，然后双手一松，竹蜻蜓就飞向空中旋转。

规则：游戏时要找个宽敞的位置，不能离别人太近。

价值：提高幼儿手的灵活性。

温馨提示：要在空旷的场地上游戏。

竹蜻蜓制作方法（小制作）

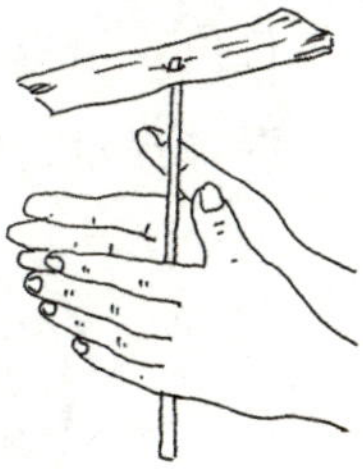

制作材料：一片薄竹片、一根细竹棍。

制作方法：在薄竹片正中间穿洞，将细竹棍插入竹片的洞中，并固定好。

抓　　籽

材料：石子五颗。

玩法：①把五颗石子随意撒在地上，随意拿起一颗，抛向空中，在石子落下之前任意抓起一颗再接住空中落下的石子，依次把地上的四颗石子一一抓起；②如果抓起地上的石子后，来不及接住空中落下的石子，就算失败。

规则：如果抓取的石子数量不对，或者没有接住抛起来的石子，都算失败，改换别人抓籽。如果手触及了不该抓的石子，也算失败。

价值：锻炼幼儿手的灵活性；发展幼儿的手眼协调能力；增进幼儿对数的认识。

温馨提示：抓籽的过程先易后难，花样逐渐增多，难度逐渐加大，可按规定抓单、抓双或一把抓；石子的大小、重量要适宜，表面要光滑；不可对着人随意扔石头；可用小沙包、果核等替代。

挤　油

玩法：人数相等的两组幼儿靠墙站立。游戏开始，幼儿用肩部的力量向中间挤，并喊口号“挤油挤油……”被挤出队列的幼儿被淘汰，如此反复，最后在场人数多的组为胜。

规则：安全起见，幼儿一定要背靠墙壁游戏。

价值：增进幼儿同伴间的亲密情感；引导幼儿体验集体游戏的乐趣。

温馨提示：墙面要平整、坚固，无障碍物。

炒　黄　豆

玩法：①两人一组，面对面手拉手站好，一边念儿歌“炒，炒，炒黄豆，炒好黄豆翻跟斗”，一边做“炒黄豆”的动作；②念至儿歌最后一个字时，两人同时翻转身体背对背；③背对背站好后，继续边念儿歌边做动作；④念至儿歌最后一个字时，两人同时翻转身体面对面；⑤游戏反复进行。

规则：两只手拉紧不能松开。

价值：增进幼儿同伴间的情感及默契度；提高幼儿动作的灵敏性。

温馨提示：游戏场地要平坦，无障碍物。

做 豆 腐

玩法：两人一组面对面，双手互相拉着，顺着一个方向做推磨状。同时进行一问一答，如果应答者回答不出来或回答重复，则问答双方交换角色，游戏重新开始。

规则：一问一答顺着一个方向做推磨状，动作要协调。

价值：发展幼儿的动作协调性和问答能力；培养幼儿的节奏感。

温馨提示：场地要平坦舒适，推拉过程中不可太用力，以免拉伤。

做豆腐（童谣）

推推磨，拉拉磨，
你推我拉做豆腐。
（问）做好豆腐谁来吃？
（答）外婆吃。
（问）外婆不吃谁来吃？
（答）舅妈吃。
（问）舅妈不吃谁来吃？
（答）舅舅吃。

老鹰捉小鸡

玩法：①若干人一起游戏，先商量分别由谁扮演老鹰、母鸡和小鸡，“老鹰”在前面捉，“母鸡”伸开双臂挡，“小鸡”依次拉着前面幼儿的衣服躲；②游戏开始后，“母鸡”移动身体，用双臂挡住“老鹰”，“小鸡”们也随着“母鸡”移动的方向转动，可在紧急关头以蹲下和双手捂住耳朵来调整队伍，再继续重新游戏；③被捉到的“小鸡”可与“老鹰”交换角色，重新游戏。

规则：“小鸡”要拉住前面幼儿的衣服，不能分散开。“小鸡”快被捉到时可立即蹲下，双手捂住耳朵，这时“老鹰”就不能捉“小鸡”。

价值：发展幼儿的动作协调能力、灵活躲闪能力及同伴间的配合；引导幼儿感受和体验集体游戏的乐趣。

温馨提示：游戏场地要平坦宽敞，无障碍物；扮演小鸡的人不可太多；“小鸡”在躲闪过程中要步调一致，以免被甩出队伍。

斗　　鸡

玩法：①两人对抗，也有多人一起玩；②游戏时，双方向前盘起左（右）腿，用双手抓住脚腕，单脚落地蹦行，用膝盖向对方进攻，一蹦一跳地对撞；③进攻方法多种多样，可磕、压、顶、砸等；④先把另一方盘起的那条腿撞开，使其双脚先着地者为胜。

规则：比赛时抬起的腿不能落地，也不可任意换腿站立。

价值：发展幼儿的腿部力量及平衡能力。

温馨提示：游戏场地平坦宽敞，无障碍物；旁观者要远离游戏者。

揪 尾 巴

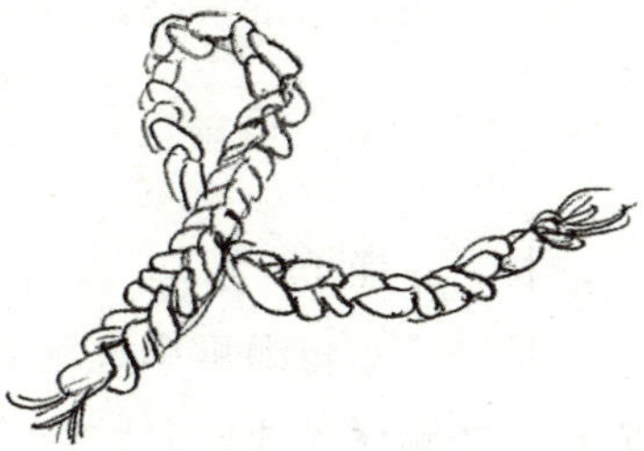

材料：布或绳子（把绳子编成辫子状）。

玩法：每人身后塞一根“尾巴”，相互追逐，要防止自己的“尾巴”被别人揪掉，同时设法揪下别人的“尾巴”，最后获得“尾巴”数量多者为胜。

价值：发展幼儿的追逐、躲闪能力。

温馨提示：游戏场地要平坦宽敞，无障碍物。

抬 轿 子

玩法：①三人一组，两人当轿夫，一人当坐轿者；②当轿夫的两个幼儿分别将右手握住自己的左手腕，再用左手握住对方的右手腕、蹲下；③“坐轿者”分别将两只脚跨入“轿夫”的双手手臂之间，伸开双臂搂住“轿夫”的肩；④“轿夫”立起，开始行走，边念童谣边抬。

规则：游戏时，“轿夫”双手必须紧握，不能随便松开。

价值：锻炼幼儿的手臂力量，发展幼儿的身体平衡能力，提高幼儿的动作协调性。

温馨提示：个子高大的当轿夫，个子小的当坐轿者；大年龄段的幼儿抬小年龄段的幼儿；可抬布娃娃等或进行亲子游戏。

海龙王卜娶某（闽南童谣）

天黑黑，卜落雨，
海龙王，卜娶某。
孤呆做媒人，
涂膆做查某。
龟吹箫，鳖打鼓，
水鸡扛轿目吐吐，
田婴举旗喊辛苦，
火萤担灯来照路，
虾姑担盘勒倍肚，
老鼠沿路打锣鼓，
为着海龙王卜娶某，
鱼虾水卒真辛苦，
照着一个水查某。

跳　绳

材料：绳子。

玩法：①短绳可单人跳或双人合作跳；②长绳可多人合作跳，两人抡绳，其他人按顺序跳或同时跳。

价值：锻炼幼儿动作的协调性及身体的耐力，也可提高幼儿的合作能力。

温馨提示：活动前检查发饰、着装等；同伴之间要保持一定的距离；运动前要做好准备活动，结束时要做好放松活动。

金教鞭

摸瞎子

材料：蒙眼用的丝巾一条。

玩法：①在一定范围内，一人蒙上双眼扮演瞎子；②“瞎子”摸人，摸到后说出对方是谁，猜到后互换角色继续游戏。

规则：游戏者不能超出规定范围。

价值：发展幼儿的空间感知觉能力；提高幼儿的身体平衡能力。

温馨提示：选择宽敞平坦的场地游戏，游戏前清理场地障碍物。

骑大马

材料：竹竿、布、毛线等。

玩法：①用竹竿当马身，将布扎成马头，将毛线扎成马尾，即成一匹“竹马”；②两人一组，扮演骑手，将竹竿驾在两腿之间；③游戏开始，前面的“骑手”手抓马头作驾马状，后面的“骑手”手扶前面“骑手”的肩膀，一齐边喊“驾”边做跑马步的动作前进。

规则：“骑手”必须同时前进，抓住竹竿架在两腿间，不可掉下。

价值：发展幼儿的动作协调性、走跑能力。

温馨提示：要确保竹竿光滑、轻便，竹马的长度要适宜。

丢 手 绢

材料：各种各样的手绢。

玩法：①幼儿围圈蹲着，任选一个幼儿拿着手绢，从其他幼儿身后绕外圈走；②围圈幼儿正视前方唱歌曲“丢，丢，丢手绢，轻轻地放在小朋友的后面，大家不要告诉他。快点快点捉住他，快点快点捉住他”；③围圈幼儿反复哼唱歌曲，丢手绢的幼儿悄悄地将手绢放在某个幼儿身后，然后快速跑回自己原本的位置。

规则：围圈蹲着的幼儿不能转头转身，凭直觉判断手绢的放置，并及时捡起快速追上丢手绢的幼儿，追上者为赢，交换角色继续游戏，否则就是输，需要表演一个节目。

价值：发展幼儿的观察、猜测能力；促进幼儿的动作发展；培养幼儿的规则意识。

温馨提示：游戏场地要宽敞平坦，无障碍物；根据幼儿的年龄特点把握好游戏时间；小班幼儿可坐在椅子上游戏。

扎 手 绢

材料：各种各样的手绢。

玩法：①若干幼儿手拉手，成一个圆圈；②甲、乙两个幼儿在圈外相对的地方分别将手绢扎在圈上幼儿的手腕上；③以最快的速度往顺（逆）时针方向跑，将对方扎的手绢解下，扎在前一个幼儿的手腕上，扎好再往前跑去解前面幼儿的手绢；④若另一个幼儿还未扎好就被追上则为输，与被扎幼儿换位，游戏继续进行。

规则：若手绢没扎好掉地上就跑的则为输，与被扎幼儿换位，游戏继续。

价值：引导幼儿练习扎手绢的动作，锻炼幼儿手部精细动作和躲闪能力。

温馨提示：游戏场地宽敞平坦，无障碍物，适宜幼儿绕圈追逐跑。

击鼓传花

材料：鼓、花。

玩法：①若干幼儿围成圆圈坐下，其中一人拿花，一人坐在中间蒙上眼睛击鼓；②鼓响传花，鼓停花止；③花在谁手中，谁就上台表演节目，如果花正好在两人手中，则两人可通过“剪刀石头布”或其他方式决定出表演者。

规则：击鼓者不能偷看传花情况。

价值：发展幼儿的听觉、反应能力。

温馨提示：幼儿可轮流扮演蒙眼击鼓者；可用音乐替代击鼓，也可用其他玩具替代花。

扔　沙　包

材料：沙包。

玩法：①在场地上画两条线和一个圆圈，三人一组，用沙包作为“投杀”武器；②在规定场地内两边各站一人，圆圈中站一人，两边的人轮流用沙包投掷站在圆圈中的人；③圆圈中的人正反方向接、躲沙包，若被沙包打中则下场与“打手”交换角色，只要用手接住“打手”扔过来的沙包就能多一次游戏机会。

规则：如果圆圈中的人被沙包投中，则下场，结束游戏。

价值：发展幼儿动作的协调性、灵活性和躲闪能力。

温馨提示：游戏场地要宽敞平坦；沙包重量要适宜；投掷时要避开同伴的头部。

投　沙　包

材料：沙包。

玩法：①在场地上画一条线，幼儿手拿沙包，站在线上，用力把沙包向前方投掷，比比谁投掷得远；②在墙上贴几张如狮子、老虎等动物的头饰，幼儿手拿沙包站在离头饰3～5米远的地方，一齐向动物头饰投掷，看谁投掷得准。

价值：发展幼儿投、抛等基本动作。

温馨提示：游戏场地要宽敞平坦；沙包重量要适宜不同年龄段的幼儿；旁观者要远距离观看。

踢毽子（一）

材料：毽子。

玩法：①单脚踢：用脚的内侧踢；②双脚轮流踢：双脚轮流用脚的内侧踢；③拐脚踢：左脚用外侧，右脚用内侧踢；④倒踢：右脚在左大腿后踢，左脚踏一步；⑤脚尖踢：把毽子放在脚尖上，用脚的力量把毽子抛向空中，待落下时再用脚尖踢向空中。

价值：发展幼儿的腿部力量和动作协调能力。

温馨提示：场地要宽敞平坦，无障碍物；旁观者远距离观看。

毽子制作方法（一）（小制作）

制作材料：羽毛、软瓶塞等。

制作方法：在软瓶塞的中间扎个小孔，取几根羽毛，插入软瓶塞。

踢毽子（二）

材料：毽子。

玩法：①若干人一起比赛，将绳子拴在毽子上，手拿着绑住毽子的绳子，一只脚着地，另一只脚踢毽子；②在一定的时间内踢到毽子的次数最多者为胜。

规则：脚必须踢到毽子才可算次数。

价值：发展幼儿的手眼脚协调能力、腿部力量及点数能力。

温馨提示：场地要宽敞平坦，无障碍物。

踢毽子（三）

材料：毽子，用硬纸板做成的拍子。

玩法：①一手握拍，用拍子抛打毽子；②用一根长毛线系住毽子，用手抓住毛线，用脚踢毽子；③用脚尖踢、膝盖踢等花样玩踢毽子。

价值：锻炼幼儿的协调能力，发展腿部动作。

温馨提示：场地要宽敞平坦，无障碍物；旁观者远距离观看。

毽子制作方法（二）（小制作）

制作材料：毛线（塑料绳等）、铜板（或铁垫圈）。

制作方法：将毛线或塑料绳剪成长条状，在中间扎紧并绑上铜板做成毽子。

东西南北

材料：正方形纸张、笔、贴图等。

玩法：①两人一起游戏，一幼儿分别用双手的食指和拇指伸进“东西南北”的四个孔，并分别做并拢和张开的动作，问另一幼儿：“要‘东西南北’哪个方向？几下？”②问者根据答者的要求操作，答者根据“东西南北”上面的图像做相应的动作（如模仿动物的动作或者叫声）。

规则：数到最后一下时，要停止不能再操作，并看清楚相应的图像是什么。

价值：提高幼儿手指的灵活性。

温馨提示：可用各种不同材质的纸张制作玩具，游戏内容可画也可用贴图粘贴。

“东西南北”制作方法（小制作）

制作材料：正方形纸张、笔。

制作方法：①将正方形的纸沿斜角（对角线）对折两次后打开；②分别将四个角往内向中心的交叉点折；③将纸翻过来，将四个角往内折一次，在八个小三角形上画小动物或写上游戏名称；④再将纸翻过来，在四个小正方形上写上“东西南北”；⑤双手的大拇指和食指插入小正方形内，就可以开始游戏了。

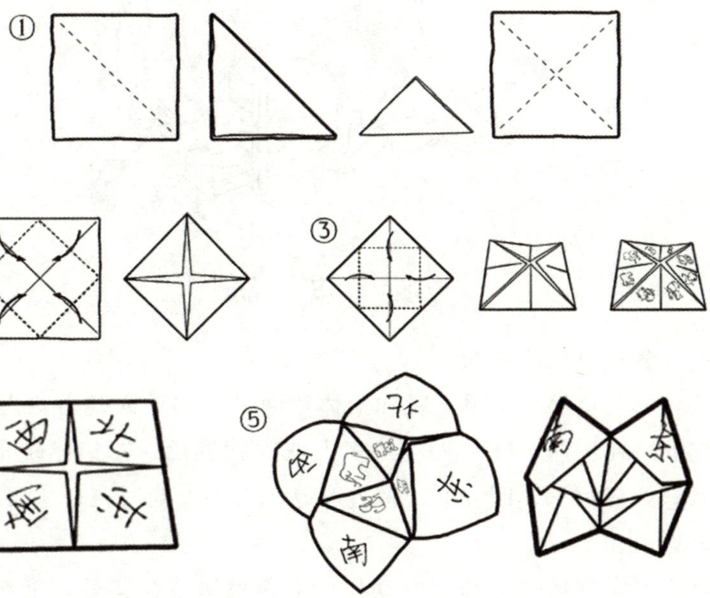

孵 小 鸡

材料：凳子、石头或沙包。

玩法：①若干幼儿一起游戏，选一人扮演鸡妈妈坐在凳子上，凳子下放几个“蛋”（石头或沙包），表示“鸡妈妈”正在“孵蛋”；②其余幼儿扮演耗子，“耗子”在“鸡妈妈”身边钻来钻去，伺机取“蛋”。“鸡妈妈”可以自由转动保护身体下面的“鸡蛋”，但不能离开凳子；③“耗子”伸手取“蛋”时，“鸡妈妈”要迅速拍“耗子”的手臂，被拍到的就不能再取“蛋”，直至“鸡蛋”被取完为止。

规则：被拍到的“耗子”不许再取“蛋”，游戏可玩到“鸡蛋”被取完为止。

价值：提高幼儿反应的灵敏度。

温馨提示：游戏场地要宽敞，避免碰撞；“鸡蛋”也可用松果、乒乓球等替代。

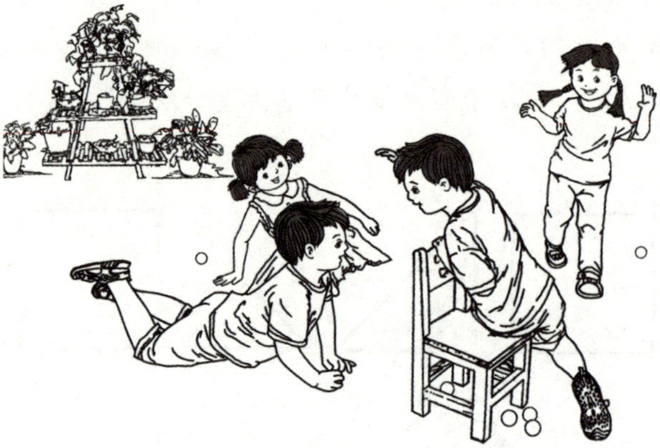

跳　皮　筋

材料：各种材质的皮筋。

玩法：①跳皮筋分为单人跳和集体跳两种；②单人跳由两人拉着约 3～4 米长的皮筋，在皮筋中间单人跳或多人依次轮流跳；③集体跳是将皮筋拉成各种形状，如三角形、四方形、多边形等，由多人同时跳；④可分两组比赛，边念儿歌边跳。

规则：要完整地跳完约定的动作，中途跳错或没钩好皮筋时，就换另一人跳。

价值：促进幼儿协调能力、弹跳能力的发展。

温馨提示：避免在硬地板上游戏。

小皮球（童谣）

小皮球，香蕉梨，马兰花开二十一。
二五六，二五七，二八二九三十一。
三五六，三五七，三八三九四十一。
四五六，四五七，四八四九五十一。
五五六，五五七，五八五九六十一。
六五六，六五七，六八六九七十一。
七五六，七五七，七八七九八十一。

八五六，八五七，八八八九九十一。

九五六，九五七，九八九九一百零一。

蚂蚁扛蜈蚣

玩法：教师扮演蜈蚣头或领头的小蚂蚁，幼儿以搭肩膀形式扮演蜈蚣的脚或小蚂蚁，边念童谣，一拍一下同步走。

规则：搭肩同步走。

价值：锻炼幼儿的手脚协调能力。

温馨提示：注意场地安全，移除障碍物。

蚂蚁扛蜈蚣（闽南童谣）

蚂蚁蚂蚁要过冬，规阵出入无闲工。
半路遏着大蜈蚣，蜈蚣想咬蚂蚁塞嘴空。
蚂蚁阵顺势围大网，拼死拼活扛蜈蚣。
有的咬目周，有的揪脚手，咬得蜈蚣哀哀抽。
蜈蚣跋落蚂蚁岫，无死阿着现夭寿。

十二母猪跟人跑

玩法：①一个领头的幼儿走在前面，其余幼儿跟在后面边走边念童谣；②当念完最后一个“跑”字时，幼儿四散跑，领头幼儿开始追，被追到的幼儿暂时退出游戏，追到4～5个幼儿后，游戏重新开始。

规则：听到“跑”字才能开始跑。

价值：发展幼儿的奔跑躲闪能力。

温馨提示：在一定的范围内游戏，注意场地安全。

十二母猪跟人跑（闽南童谣）

一鼠、二牛、三虎、四兔、五龙、六蛇、七马、
八羊、九猴、十鸡、十一狗、十二母猪跟人跑。

玩　弹　弓

材料：树杈、橡皮筋、长方形皮革片、纸张等。

玩法：①用“Y”形树枝作弹弓，在两头系上橡皮筋，用橡皮筋中段的皮革兜住纸折的子弹；②一手握住弹弓，一手往后拉紧皮革，对准目标射出，看谁射得准。

规则：不能对着人射击，以免伤人。

价值：幼儿练习发射、瞄准的动作技能。

温馨提示：提醒幼儿游戏时不能对着人射击，以免伤人。

弹弓制作方法（小制作）

制作材料：树杈、橡皮筋、长方形皮革片、纸张等。

制作方法：①选择大小适宜的“Y”形树枝；皮革的两端系上橡皮筋，制成弹兜；②橡皮筋的两端系在两个树杈上；③用纸张制成子弹。

救　人

玩法：①在地上画一大一小两个同心圆圈。一个幼儿站在小圈内当俘虏，一个幼儿站在两圈之间当守卫，其他幼儿站在大圈外；②游戏开始，大圈外的幼儿要设法走到圆圈旁边救出“俘虏”，拉他出去或触到他的手就算救出；③“守卫”要设法阻止圈外人来营救，圈外人身体的任何部位被“守卫”触碰到，就要进入小圈变成俘虏；④游戏结束时，人数多的一方为胜。

规则：大圈外营救“俘虏”的人不得越界进入圈内，如踩到线就成为“俘虏”；“守卫”只能站在两圈中间，不得超出界限。

价值：训练幼儿的躲闪及反应能力。

温馨提示：游戏中不可用力拉拽同伴，以免摔倒。

过　关

玩法：①需至少六个幼儿参与游戏，把幼儿分成数量相等的两组，在地上画好三个“关卡”，一方攻，一方守；②守城方只能在画好的通道里行动，进攻方必须一层层通过这些“要塞”；③守城方可以用手、身体去接触进攻方，只要触碰到进攻方身体的任何部位，该幼儿就出局，守城方如果有人踩线也要出局；④若进攻方至少有一人通过三个“关卡”到达终点，则进攻方胜；若进攻方无人到达终点，则守城方胜，游戏结束。

规则：守卫或攻关者都要在规定场地内守卫或进攻。

价值：发展幼儿的躲闪及反应能力。

温馨提示：场地要空旷平坦，无障碍物。

占　四　角

玩法：①五人一组，四人分别站在四个角落，一人站到中间做争四角的人；②游戏开始时，争四角的人念儿歌，念到“请”时，四个角的人必须交换位置，中间的人趁机去占一个角，如果争到一个角，则由失去一角的幼儿站在中间做争四角的人，游戏重新进行。

规则：四个角落上的人听到“请”字后必须移动位置，不能站在原地不动；站在中间的人如果连续三次争不到角就必须表演一个节目。

价值：提高幼儿反应的灵敏度。

温馨提示：场地要空旷平坦，无障碍物；避免碰撞跌倒。

占四角（儿歌）

争争争，争四角，
骑白马，戴红樱，
小小英雄请请。

猜拳跨步

玩法：①幼儿两人一组，画好起点线和终点线；②站在起点线后，用“剪刀石头布”的猜拳方法，赢者向前跨一大步，二人再继续猜拳跨步；③先到达终点线者获胜。

规则：猜拳时，一旦做出手势就不得更改；跨步后，不能移动身体。

价值：提高幼儿的身体平衡能力；增强幼儿下肢的力量及灵活性。

温馨提示：提醒幼儿遵守规则，游戏前做好准备运动。

接“龙珠”

材料：半圆筒若干（可将长 40～50 厘米，直径 10 厘米的毛竹对半劈开，削去竹节），塑料球。

玩法：若干幼儿站一排或环形，每人手持一节半圆筒，将塑料球放在半圆筒上，倾斜半圆筒，球慢慢滚动，幼儿轮流用竹管接球。

规则：球掉落地上者为输。

价值：提高幼儿的观察能力、反应能力和合作能力。

温馨提示：地面平整干燥，小心滑倒。

抬 花 轿

材料：直径为 4～5 厘米粗、长约 1 米的竹竿若干。

玩法：①幼儿五人一组进行游戏，四个幼儿按前后左右的位置站好，用肩膀抬着两根竹竿；②另外一个幼儿双手抓在竹竿中间，双腿屈起来。抬竹竿的四个幼儿脚步一致地往前走。

价值：训练幼儿与他人步调一致地往前走；提高幼儿的体能。

温馨提示：可先让幼儿练习空抬轿子，再抬娃娃或同伴游戏。

打　弹　珠

材料：两种颜色的玻璃球各若干。

玩法：①在地上画一个圆圈，中间画一条线为界，两人各持一色数量相等的玻璃球撒在圆圈内；②幼儿以“剪刀石头布”游戏决定弹球的先后顺序；③用手指弹自己任意一个玻璃珠去撞击对方的玻璃珠，使之出圆圈，对方玻璃球一出圆圈此玻璃球就归自己所有；④弹珠弹完，获得的玻璃球数量多者为胜。

规则：两人轮流弹玻璃球。

价值：发展幼儿的观察能力、手眼协调能力。

温馨提示：玻璃球大小要适宜，可用其他材质小球替代；可多人游戏。

第二节　简易民间游戏玩具制作方法

竹马（一）

制作材料：竹条、尼龙绳、过胶的马头饰、毛线。

制作方法：①竹条两边距头尾5厘米处削个坑；②用尼龙绳绑上、拉紧，使竹条成弓形；③一头绑上马的头饰，另一头绑上用毛线做成的马尾巴。

玩法：脚从弓箭型的竹条处跨过，一手抓住马头玩骑马游戏。

价值：锻炼幼儿走、跑、跳的能力。

温馨提示：场地需平整，为不同年龄的幼儿制作不同大小的竹马。

竹马（二）

制作材料：竹竿，袜子做成的马头，毛线。

制作方法：竹竿一头接上马头，另一头用毛线做成尾巴即成。

玩法：将竹竿驾在两腿之间，手抓马头处玩骑马游戏。

价值：锻炼幼儿走、跑、跳的能力。

温馨提示：在平整的场地上游戏，小心碰撞。

竹 跨 栏

制作材料：长约 60 厘米的竹筒一根，短竹筒四根。

制作方法：四根短竹筒分别固定在长竹筒的两端，使之能站稳即可。

玩法：从竹筒上跨过（高度可根据幼儿的年龄特点进行调整）。

价值：锻炼幼儿的胆量，提高幼儿跨越、蹦跳、攀爬等能力。

温馨提示：竹筒各个部件要磨平整、扎牢固。

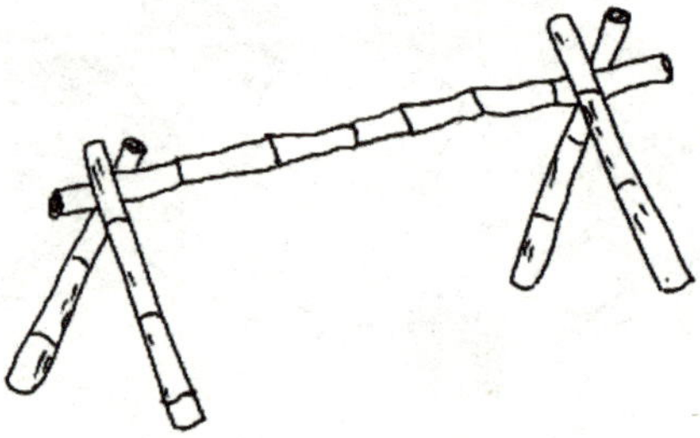

竹 排 笛

制作材料：直径约为 2 厘米的长短不一的小竹管若干，最短的长约 10 厘米，其他小竹管的长度依次递增 1～1.5 厘米，每根小竹管的一边有竹节；细绳子若干。

制作方法：把长短不一的小竹管依长短并排，用绳子绑紧。

玩法：口对着竹管的一端往里吹，使之发出声音，比一比每根竹管的声音有何区别。

价值：锻炼幼儿的听觉，感受声音的美。

温馨提示：竹管要打磨平整。

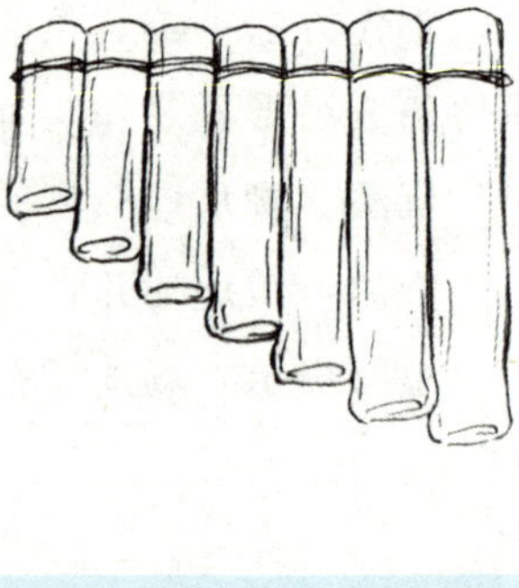

竹　　蛇

制作材料：细的长竹竿一根，棉线。

制作方法：①把竹竿削成 4～5 厘米的竹管；②竹管之间用棉线连接起来，一端削成蛇头状，另一端削成蛇尾状，即成一条栩栩如生会动的蛇。

玩法：拿着蛇尾探索如何使蛇往不同的方向动起来。

价值：鼓励幼儿探索竹蛇会动的奥秘。

温馨提示：竹管要打磨平整。

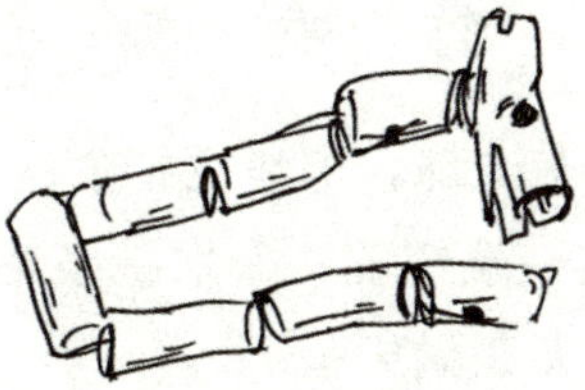

竹　串　铃

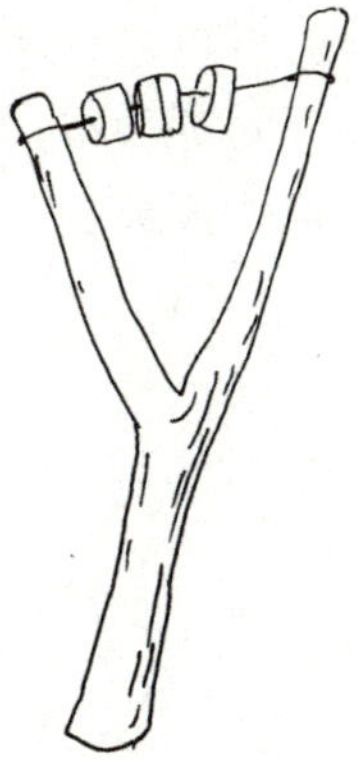

制作材料：树杈一个，竹节若干，细铁丝一条。

制作方法：①在树杈的两端削个小沟；②在细铁丝上依次穿上若干个竹节；③把穿好竹节的细铁丝绑在树杈两端的小沟上。

玩法：左右摇摆或上下摇摆，使竹节碰撞发出有节奏的声音。

价值：可做打击乐器，引导幼儿体验竹节碰撞发出的美妙声音。

温馨提示：竹圈边沿要磨平，铁丝尾部要包紧，避免刮伤。

竹　　琴

制作材料：长竹管一根，长的细竹管六根，短的细竹管两根，短竹管八根（粗细、长短不一），绳子。

制作方法：①用六根长的细竹管绑成两个三角支架；②将长竹管放在支架上；③把短的细竹管按从细到粗、从短到长的顺序绑在长竹管上。

玩法：取两根短的细竹管敲打竹琴，使之发出不一样的声音。

价值：探索粗细、长短不一的竹管发出声音的异同。

温馨提示：竹器各个部件的边沿要打磨平整、扎牢固。

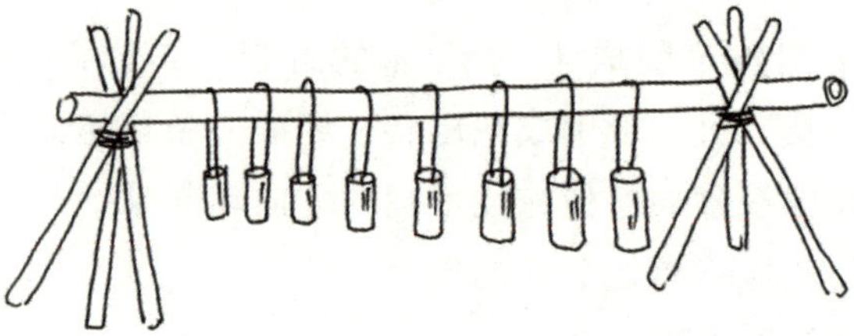

竹　响　板

制作材料：竹板两块，尼龙绳，毛线或布条。

制作方法：①在竹板的一端穿孔；②取一条尼龙绳穿过孔，把竹板背对背绑在一起；③绑上毛线或布条做成坠子。

玩法：①跟着音乐节奏双手或单手拿竹板有节奏地敲打，使之发出清脆的声音；②边敲竹板边有节奏地念儿歌。

价值：可在音乐活动中当打击乐器使用，让幼儿感受节奏的美。

温馨提示：教师可先将两块竹板边沿打磨光滑，并在一端穿孔；指导幼儿把竹板绑在一起，并装饰坠子。

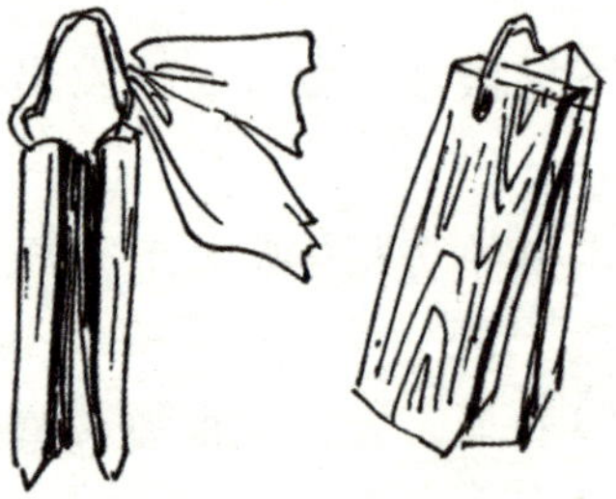

竹　响　筒

制作材料：粗一点的竹管一根，细的竹管两根。

制作方法：在粗竹管的中间穿洞，把细竹管穿入使之牢固即可。

玩法：用细竹管敲打粗竹管的两端使之发出有节奏的响声。

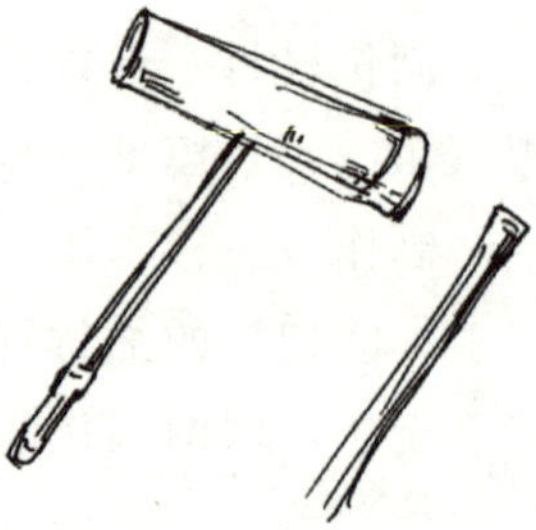

价值：可在音乐活动的打击乐中使用。

温馨提示：要选用老竹子做竹管，声音更美；制作时要把竹子边沿打磨光滑。

木 偶 人

制作材料：细竹管、棉线。

制作方法：①将细竹管锯成六段，分别为头、身、手、腿（长度依比例）；②将六段竹管按顺序用棉线串起来，成为一个小人模样。

玩法：将木偶人垂于脚部的两条线穿到桌子缝里，手放于桌子抽屉内拉动线，随着线的方向，木偶人会做各种动作。可以配上音乐进行舞蹈，也可以根据台词进行表演游戏。

价值：发展幼儿的动手操作能力和表演能力。

温馨提示：要轻轻拉扯棉线，注意两条棉线不要缠绕或打结。

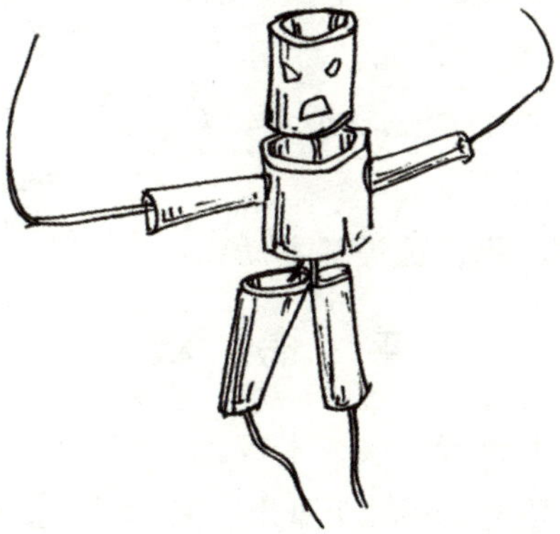

高 跷

制作材料：竹筒或木头、绳子。

制作方法：①把竹筒或木头锯成高为8～10厘米的圆柱体；②穿上绳子，绳子的高度为幼儿身高的一半。

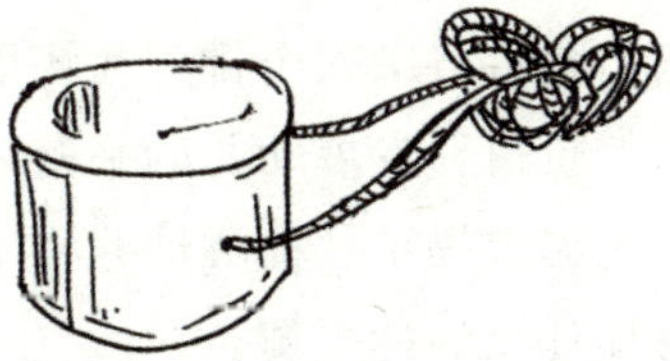

玩法：①脚踩在高跷上，手拉紧绳子向前走路；②可自己练习走路，也可多人进行比赛。

价值：发展幼儿的平衡能力。

温馨提示：绳子要根据幼儿的高度进行调节；尽量避免在坚硬的地面玩，以免打滑摔倒。

竹　圈

制作材料：竹子、粗铁线。

制作方法：①把竹子劈成竹条和竹棍，用竹条围成竹圈；②在竹棍的一端绑上一个铁钩，固定紧。

玩法：①滚圈：一手拿竹棍，一手拿竹圈，让竹圈立起来，把铁钩勾在竹圈与地面的交接处，用力推竹圈，竹圈就滚出去了；②追圈：拿竹圈，让竹圈立起来，双手推竹圈，让竹圈自己滚出去；③钻圈：将圈立起，钻进钻出；④跳圈：将竹圈摆放在地上，排成各种形状，单脚或双脚连续从第一个圈跳进，从最后一个圈跳出；⑤合作玩圈：幼儿自由组合，如“跳房子”“钻山洞”等；⑥跳井：将竹圈放在地上，双腿并拢跳进去。

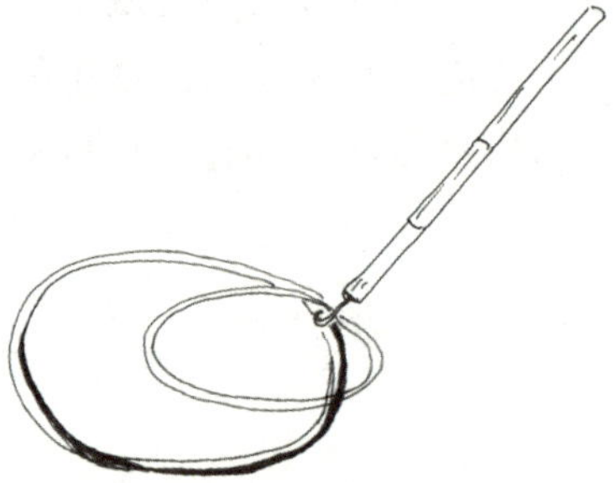

价值：发展幼儿钻、跑、跳等基本动作。

平　衡　板

制作材料：圆木或毛竹若干段、木板。

制作方法：①用一段直径约 20 厘米、长约 50 厘米的圆木或毛竹，对半劈开作墩，弧面朝上；②再取一块 20 厘米宽、50 厘米长的木板，居中架在圆弧面上。为防止打滑，可在弧面上和木板下方凿出波浪槽，玩时将板槽镶在墩的圆弧面上。

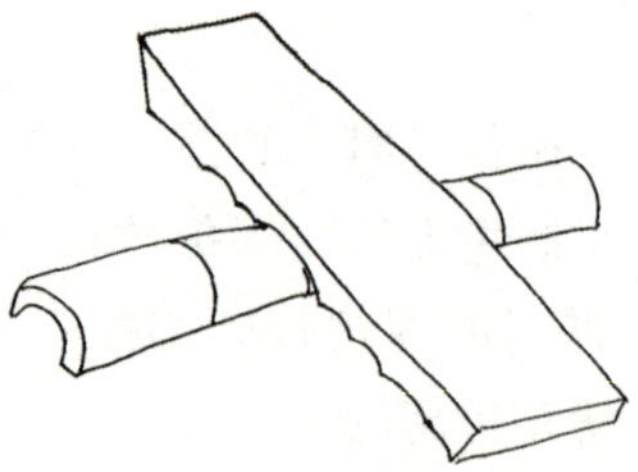

玩法：两脚踏在板上，左右摆动，练习平衡；也可将墩逐个排列在场地上当平衡墩玩。

价值：发展幼儿的平衡能力。

温馨提示：提醒幼儿将木板放在波浪槽上，身体注意保持平衡。

布老鼠（一）

制作材料：布、棉花、针、线等。

制作方法：将棉花包在布里面，缝成老鼠造型。

玩法：①将老鼠放在空地上或筐里，幼儿在一定距离外打老鼠或将老鼠投入筐里，看谁打得准或投得准；②在老鼠的嘴部缝上一条长布条，一人拖着布条带动老鼠跑，其余幼儿在后面追逐，谁先踩到老鼠，谁就胜利。

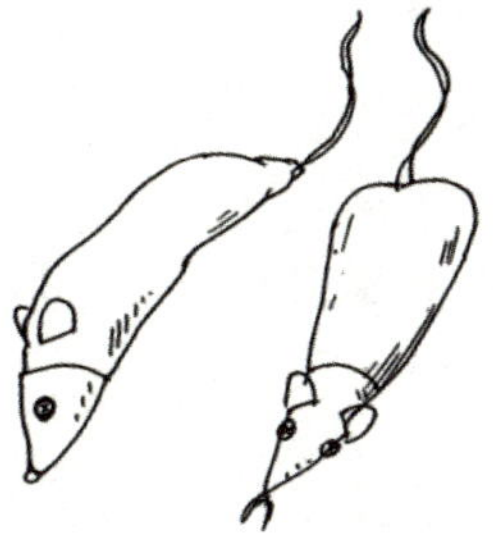

价值：幼儿练习投掷、投准；锻炼幼儿追逐跑的能力。

温馨提示：布老鼠可亲子制作；长布条1米左右，不可太长。

布老鼠（二）

制作材料：正方形手帕。

制作方法：①将手帕对折成三角形；②把两个长角对折，折完往里卷；③卷好了之后翻过来，再对折；④把翻过来对折之后剩下的那个小角折上来，塞进去；⑤一直翻，翻出最开始折的那两个角拉出来；⑥将其中一个小角打个结当小老鼠的头，另一个小角不动当尾巴。

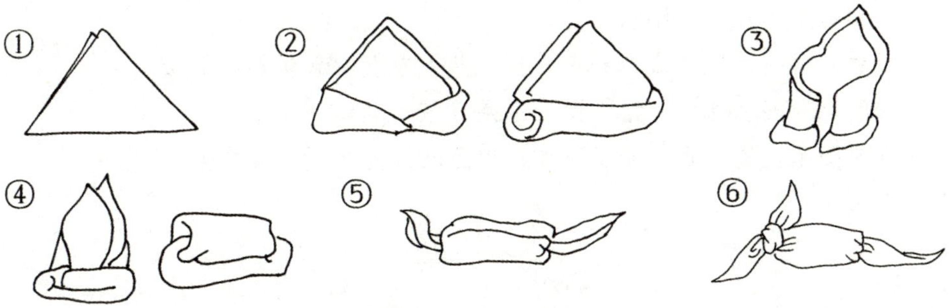

玩法：将布老鼠托在一手的掌心，另一手做洞口状盖住老鼠（老鼠头部搁在虎口处），用托老鼠的手的手指头将老鼠从“洞口”弹出。

价值：培养幼儿的动手操作能力和想象能力。

温馨提示：建议选用薄一点的手帕；指导幼儿按步骤将手帕折成老鼠的形状。

软飞碟（一）

制作材料：布、棉花。

制作方法：①将布剪成两个直径约 20 厘米的圆，沿着圆形的边缘将两个圆缝合起来（留个小口塞棉花）；②在圆形的中间再缝合一个直径为 15 厘米的内圆；③在小口处将棉花塞进外圆里，最后将小口子缝合起来。

玩法：可一人顶着或背着走，也可两人以上一起玩相互抛接。

价值：发展幼儿投、抛、接、平衡等基本动作。

温馨提示：软飞碟由教师或家长制作；提醒幼儿抛接时要注意安全。

软飞碟（二）

制作材料：高压锅橡胶圈、布条。

制作方法：将高压锅橡胶圈折卷成两个一样大的圆，用细布条将两个圈扎紧，间隔距离扎成太阳状。

玩法：可一人顶着或背着走，也可两人以上一起玩相互抛接。

价值：发展幼儿投、抛、接、平衡等基本动作。

温馨提示：软飞碟可亲子制作；提醒幼儿抛接时要注意安全。

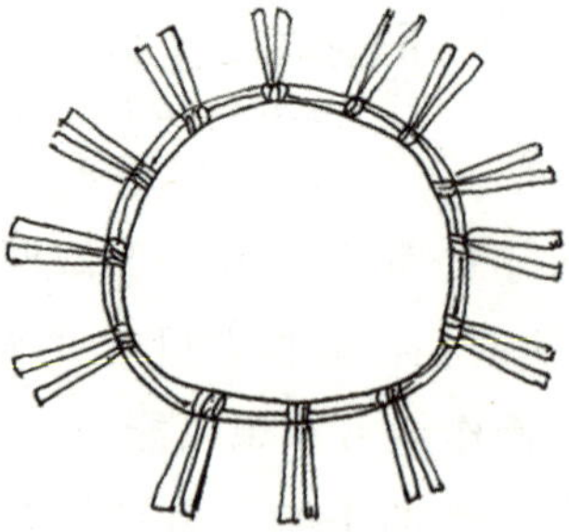

七巧板（五巧板）

制作材料：纸板一张。

制作方法：把纸板裁剪成正方形，再把正方形的纸板分割成七块或五块即可。

玩法：幼儿根据分割的图形玩拼图游戏。

价值：发展幼儿的想象力和创造力。

温馨提示：3～4 岁幼儿玩五巧板，5～6 岁幼儿玩七巧板；大班幼儿可自己裁剪制作。

流星球（一）

制作材料：毛线、布。

制作方法：将布剪成正方形或圆形，把碎毛线放在布中，扎成球状，也可将颜色鲜艳的布条缝在球的尾部。

玩法：可用力向前投掷，比比谁的流星球投得远；也可两人或多人玩抛接游戏。

价值：发展幼儿投掷、抛、接等基本动作。

温馨提示：可指导幼儿自己制作流星球；提醒幼儿投掷时不可对着别人，注意安全。

流星球（二）

制作材料：编织带、布条或毛线。

制作方法：把编织带编成球状，也可嵌入铃铛或在球上扎上布条。

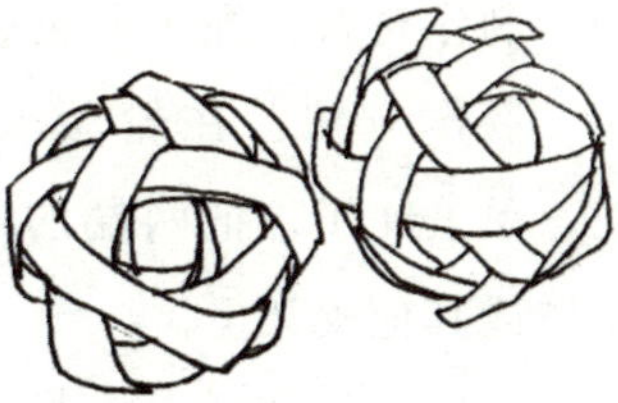

玩法：可用力向前投掷，比比谁的流星球投得远；也可两人或多人玩抛接游戏。

价值：发展幼儿投、抛、接等基本动作。

温馨提示：可指导幼儿自己制作流星球；提醒幼儿投掷时不可对着别人，注意安全。

滚 铁 环

制作材料：铁线两根。

制作方法：将一条铁线折成环形即成铁环；将另一条铁线折成铁钩。

玩法：①幼儿一手拿铁钩，一手拿铁环，让铁环立起来，用铁钩钩住并用力往前推铁环；②用铁钩钩住铁环前进，可走曲线或直线，幼儿之间可以比赛谁的铁环滚的时间长。

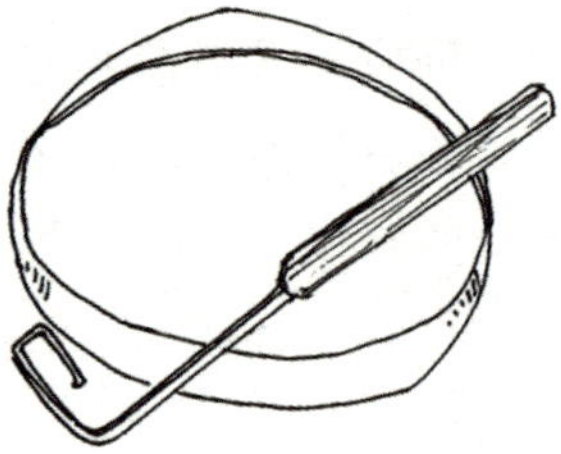

价值：发展幼儿的控制能力、平衡能力、奔跑能力。

温馨提示：铁环和铁钩可由教师或家长制作；可选用粗一点的铁线制作铁环，防止铁环变形。

轮 胎 木 马

制作材料：废旧轮胎。

制作方法：将较大的废旧轮胎清洗干净，截成两半，制成简易的轮胎木马。

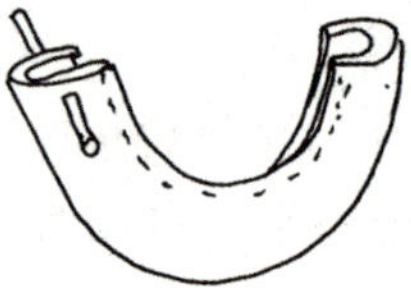

玩法：幼儿可以坐在上面前后摇动。

价值：提高幼儿身体的协调性和灵活性。

温馨提示：轮胎木马可由教师或家长制作；游戏时提醒幼儿双手要扶住轮胎木马。

荡 秋 千

制作材料：绳子，轮胎或木板。

制作方法：在轮胎或木板的两端穿孔，系上绳子，把两端的绳子牢固地系在树枝或其他支架上。

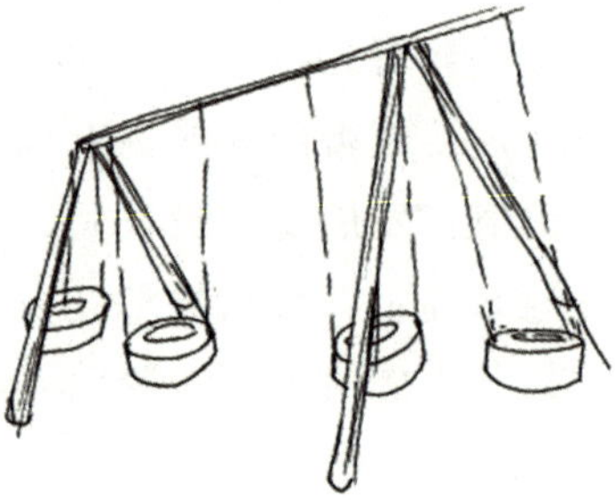

玩法：一幼儿坐在轮胎或木板上，另一幼儿轻轻地推。

价值：发展幼儿的平衡能力。

温馨提示：秋千由教师或家长制作，秋千支架要牢固；提醒幼儿推动秋千时不可用力过猛。

印　龟

制作材料：龟图案印模、红黏土、竹叶等。

玩法：将红黏土放在印模上，运用团、搓、压等技能，即可压印出一个龟壳形状的图案，取下放在竹叶上。

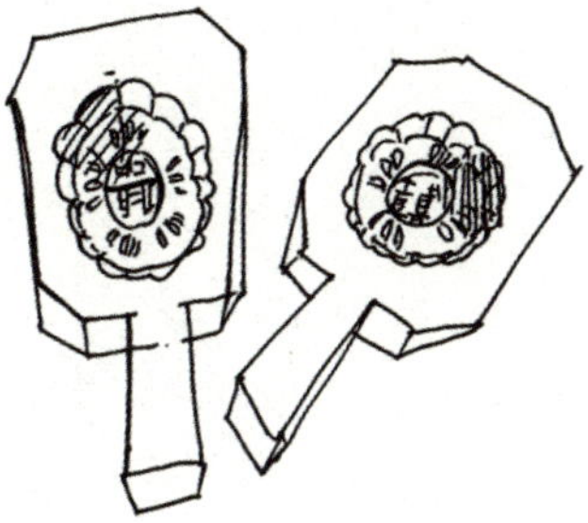

价值：引导幼儿认识传统手工艺，发展幼儿的动手操作能力。

温馨提示：红黏土也可以用超轻黏土、橡皮泥或面团替代，竹叶也可以用香蕉叶、柚子叶等替代。

转木薯叶

制作材料：木薯叶若干。

制作方法：把木薯叶撕去三分之二。

玩法：用食指托住木薯叶的柄头，转动手腕，木薯叶就跟着转动起来，比比谁转得久。

价值：提高幼儿的手腕转动能力。

温馨提示：选用较老的新鲜木薯叶，指导幼儿自己制作；提醒幼儿旋转时避开他人。

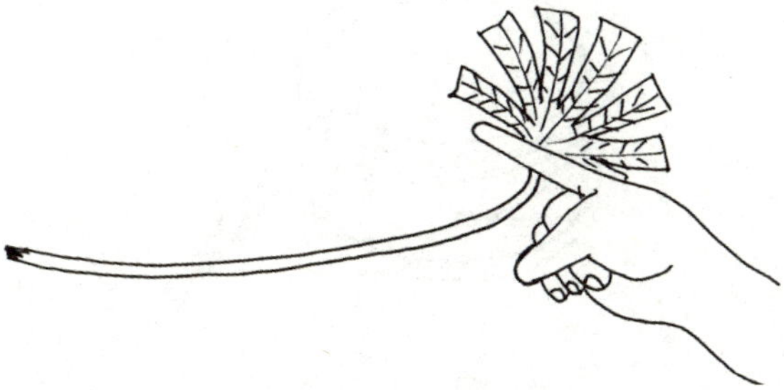

拨　浪　鼓

制作材料：圆形塑料盒子、小塑料珠、小棒、线等。

制作方法：在盒子两边用绳子各系上一颗珠子，盒子下方插入一支小棒。

玩法：摇着玩、为音乐伴奏。

价值：引导幼儿感受拨浪鼓摇动时声音的大小、节奏的轻重、音律的高低，体验摇拨浪鼓的乐趣。

温馨提示：可进行拨浪鼓的亲子制作；提醒幼儿摇拨浪鼓时要避开眼睛及同伴。

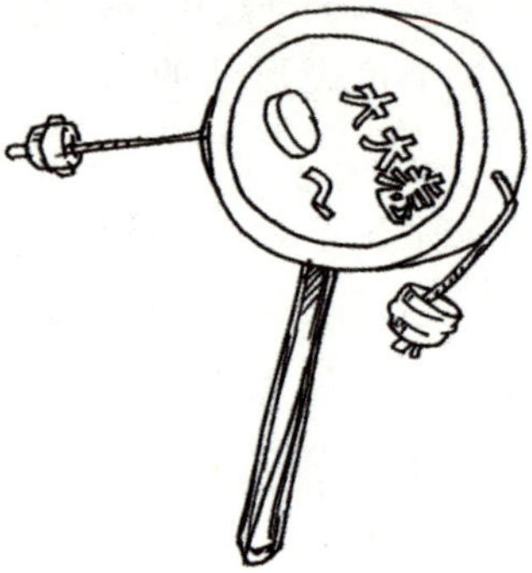

小　　鼓

制作材料：圆形饼干盒、绒布、绳子、小木珠、筷子。

制作方法：①用绒布做成大小合适的鼓套，包在圆形饼干盒外面，在两边系上绳子即成小鼓；②在筷子一端穿上一颗小木珠，做成鼓槌。

玩法：可玩打击乐游戏或盲人击鼓游戏等。

价值：引导幼儿感受音乐节奏的美。

温馨提示：鼓套由成人制作，并在小木珠上钻大小合适的洞，方便幼儿制作鼓槌。

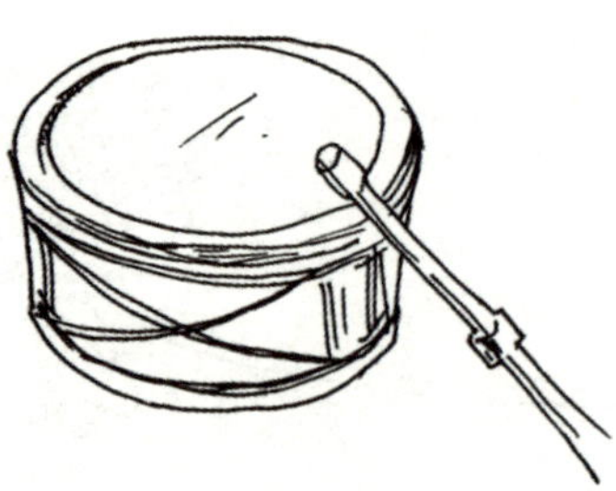

风　　车

制作材料：各种颜色的正方形纸，小棍，铁丝，糨糊，吸管等。

制作方法：①将正方形纸的四角剪开（剪至对角线的三分之一处），将四个角折向中心，并粘贴好；②用铁丝一头捆住小棍、穿过吸管，再穿过中心点即成。

玩法：①利用各种各样的材料制作风车；②认识不同的制作材料，用各种方法让风车转动起来。

价值：引导幼儿感知风车转动的快慢与风的大小、跑的速度之间的关系。

温馨提示：指导幼儿制作风车，使用铁丝时注意安全。

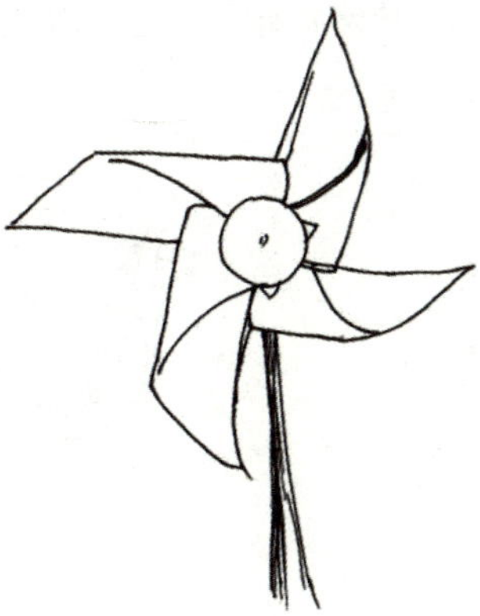

橘　子　灯

制作材料：橘子、毛线、筷子等。

制作方法：①取一个橘子，用牙签在橘子顶部划一个圆形，用手轻轻将圆形盖揭下来；②把橘瓣小心掏出来；③用牙签在橘子皮边沿挖三个小孔，用毛线穿过小孔，打个结，系在筷子上。

价值：可用橘子灯来装饰活动室。

温馨提示：提醒幼儿不要用剥橘子的手揉眼睛。

舞　　龙

制作材料：稻草、竹筒、纸箱等。

制作方法：①利用稻草、竹筒、纸箱等制作成“龙头”；②用稻草扎成大约 20 厘米长的草扎若干个，用小竹竿或木棍插进“龙头”“龙身”下方。

玩法：幼儿有序地举着“龙头”“龙身”玩舞龙游戏。

价值 ：锻炼幼儿一个跟着一个走，培养幼儿团结协作的能力。

温馨提示：“龙”由成人与幼儿共同制作；游戏场地宜宽敞，无障碍物。

猴子翻杠

制作材料：木棍、木片、棉线。

制作方法：①将竹条弯成U形，穿上棉线拉紧；②用木棍和木片做成猴子，四肢关节用线连接，将其绑在线上，可灵活摆动。

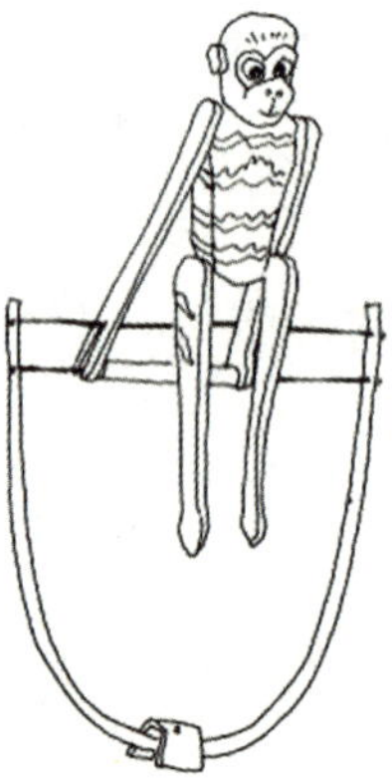

玩法：用手按压U形竹条，随着竹条的张弛，猴子便可翻起筋斗。

价值：锻炼幼儿手部的灵活性。

温馨提示：木棍、木片需打磨光滑；可由成人与幼儿共同制作。

接兜

制作材料：毛线或麻绳、弹跳球。

制作方法：将毛线或麻绳编织成网兜。

玩法：将网兜上下晃，使球向上抛，再用网兜接住。

价值：发展幼儿的反应能力，锻炼手臂的力量。

温馨提示：网由成人与幼儿共同编制；

金教鞭

活动场地要宽敞平坦，无障碍物。

簸箩迷宫

制作材料：圆簸箩、竹片、胶棒、磁铁、磁性人。

制作方法：用圆簸箩做底盘，设计迷宫路线，将竹片粘在底盘上作“墙”。

玩法：将磁性人放在迷宫入口处，用磁铁在底盘下面吸引磁性人往迷宫里走。

价值：发展幼儿的思维能力和动手操作能力。

温馨提示：可由成人与幼儿一起设计并制作迷宫。

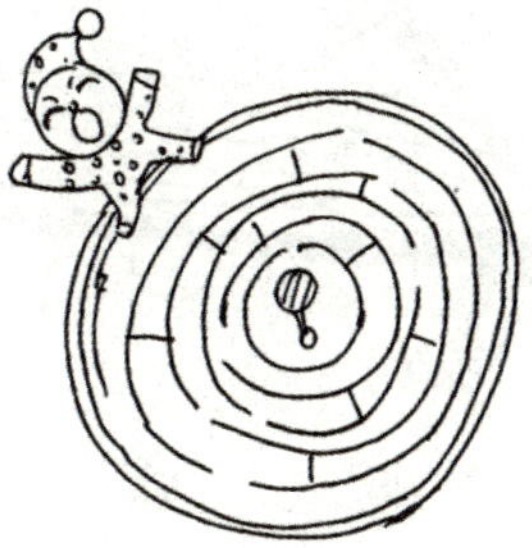

不倒翁

制作材料：泥、布、纸、蛋壳等。

制作方法：将橡皮泥放入蛋壳底部，用布、纸等材料装饰成娃娃、老翁等造型。

玩法：轻推不倒翁，观察其倾倒、站立的过程。

价值：引导幼儿探索不倒翁不倒的秘密。

温馨提示：蛋壳要清洗干净，指导幼儿自己制作。

滑　板　车

制作材料：木板、轮子等。

制作方法：将三个轮子装在木板下面，在木板上安装一个小扶手，作方向盘用。

玩法：坐在滑板车上，手握方向盘当司机，也可载人。

价值：提高幼儿反应的灵敏性，培养其方向感。

温馨提示：滑板车由成人制作；游戏场地要平整；提醒幼儿游戏时需控制速度。

陀　　螺

制作材料：成熟，开裂的树籽，牙签等。

制作方法：将牙签尖插入树籽中心。

玩法：用拇指和食指捏住牙签，使陀螺转起来，比赛谁的陀螺转得久。

价值：发展幼儿的手部肌肉力量。

温馨提示：由成人钻好树籽的洞，方便幼儿制作；提醒幼儿使用牙签时注意安全。

万　花　筒

制作材料：包装纸，三块一样大的长方形单面镜，彩色碎纸若干，圆纸筒（如羽毛球筒）。

制作方法：将长方形单面镜围成三棱状，把彩色碎纸放在三棱镜里，固定在圆纸筒上。

玩法：眼睛对着万花筒，用手转动万花筒，即

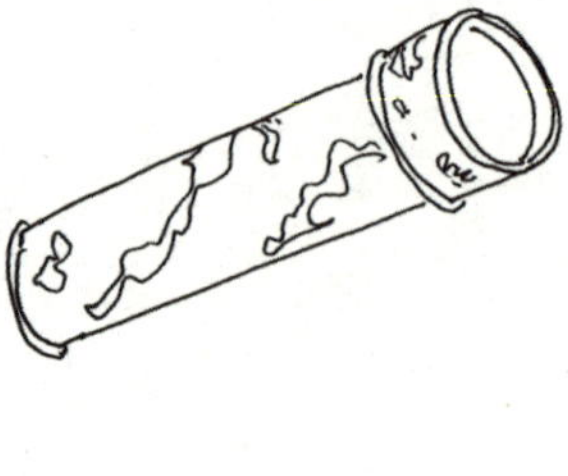

可看到千变万化的图案。

价值：让幼儿感受镜子反射的原理。

温馨提示：可由成人与幼儿一起制作，注意镜子的边缘要打磨光滑。

趣味玩偶

制作材料：乒乓球、纸袋等。

制作方法：把乒乓球装饰成玩偶的头部，用纸袋当玩偶的身体。

玩法：玩木偶表演游戏。

价值：发展幼儿的手部肌肉，锻炼幼儿的口语表达能力。

温馨提示：材料必须干净环保。

攻球入门

制作材料：报纸、矿泉水瓶、竹棒、饮料瓶等若干。

制作方法：①用报纸卷成纸棒，在饮料瓶侧面打个孔，将纸棒插入孔中制成球棒；②将报纸揉卷成纸球，用纸盒摆成球门。

玩法：在一定距离内，用球棒玩攻球入门的游戏。

价值：发展幼儿的手眼协调能力。

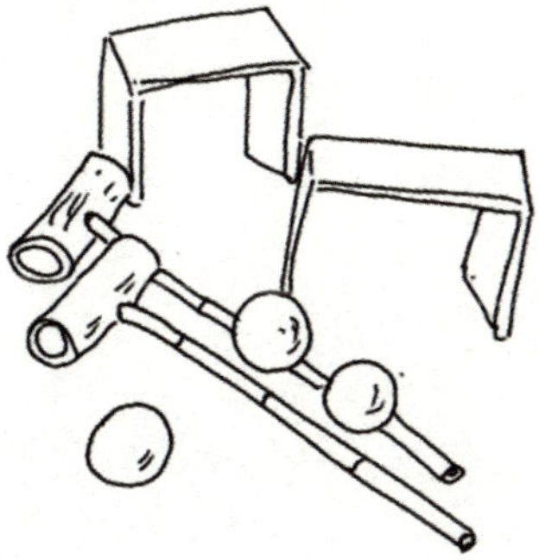

空中飞燕

制作材料：毛线或编织带、羽毛等。

制作方法：用毛线或编织带等编织成网，将羽毛系在网上，悬挂在一定的高度。

玩法：幼儿纵跳拍打，羽毛在空中飞荡像会飞的“小燕子”。

价值：发展幼儿纵跳触物的能力。

温馨提示：指导幼儿编织网；游戏场地平坦宽敞，无障碍；悬挂物可用树叶等物替代，悬挂高度要适宜。

参考文献

[1] 李季湄，冯晓霞.《3-6 岁儿童学习与发展指南》解读［M］. 北京：人民教育出版社，2013.

[2] 虞永平. 生活化的幼儿园课程［M］. 北京：高等教育出版社，2010.

[3] 虞永平. 学前课程与幸福童年［M］. 北京：教育科学出版社，2012.

[4] 王春燕. 浙江民间文化与幼儿园课程——浙江民间文化幼儿园课程资源开发的研究［M］. 北京：浙江大学出版社，2011.

[5] 叶俊萍. 幼儿园课程资源建设新思路——“宝宝博物馆”建设的理念与实践［M］. 福州：福建人民出版社，2016.

[6] 丁亚红. 民间游戏走进幼儿园——河北省民间游戏活动的探索与实践［M］. 保定：河北大学出版社，2014.

[7] 秦元东，等. 浙江儿童民间游戏：现状与传承［M］. 杭州：浙江大学出版社，2011.

[8] 黄进. 游戏精神与幼儿教育［M］. 南京：江苏教育出版社，2006.

[9] 臧勤，汪丽，秦红. 田野课程——我们的园本课程［J］. 早期教育（教师版），2001（8）.

[10] 赵晓卫，李丽英，袁爱玲. 幼儿园民间体育游戏课程［M］. 福州：福建教育出版社，2015.

[11] 杨丽珠，吴文菊. 幼儿社会性发展与教育［M］. 沈阳：辽宁师范大学出版社，2000.

[12] 吴振东. 幼儿教师教学基本策略［M］. 福州：福建教育出版社，2014.

[13] 曹中平. 激活传统民间游戏的自我更新机制［J］. 内蒙古教育，2017（7）.

[14] 赵静. 童谣在幼儿民间游戏组织中运用的初步研究［D］. 湖南师范大学，2012.

[15] 冯琳琳. 幼儿园民间游戏课程的构建［J］. 学前教育研究，2010（3）.

［16］王静．儿童民间游戏在幼儿教育中的价值和意义［J］．吉林省教育学院学报，2014（8）．

［17］吴航．幼儿园教学游戏化的精神内核究竟是什么［J］．幼儿教育（教育教学），2017（11）．

［18］屈慧珠．在体育游戏中促进幼儿心理健康发展［J］．教育导刊（幼儿教育），2009（11）．

［19］缪雯晓．挖掘民间游戏中的教育价值［J］．学前课程研究，2007（3）．

［20］余慧娜．创设民间游戏环境提升幼儿的参与兴趣［J］．儿童与健康，2014（7）．

金教鞭

后　记

民间游戏是源于人们日常生活的自娱性游戏，贴近幼儿的现实生活，是民间传统文化的重要组成部分。自2004年以来，永春县世哲幼儿园课题研究的方向都是民间游戏的开发与利用。我们以主题活动、区域活动、民间游戏等为切入口，开展了一系列的实践研究，已开发出一套较为丰富且适合本园幼儿特点的乡土课程资源，创设了富有浓郁乡土气息的教育环境。我们通过对“民间游戏和玩具对幼儿发展的价值研究”“以混龄教育的形式开展幼儿民间游戏的研究”“利用本土资源开展幼儿健康教育的研究”“利用农家文化资源创设园本课程的实践研究”等课题的研究成果进行梳理，形成较为系统、完整的园本特色课程。在此基础上，我们把游戏贯穿课程始终，结合本地区和幼儿园的实际情况，搜集和整理当地比较有特色的闽南传统民间游戏并对其加以分类和研究，探讨民间游戏的文化价值和教育价值，努力将民间游戏融入幼儿园课程，设计合适的游戏活动方案，关注幼儿在游戏中的表现及教师在组织民间游戏中的成长，使得园本课程的内容更加贴近幼儿生活，让幼儿更好地享受童年乐趣，为幼儿健康成长打下良好基础。

在此认识下，我们于2017年9月申报了福建省教育科学“十三五”规划2017年度专项课题“幼儿园闽南民间游戏课程实践研究”，并顺利获批立项（立项批准号：FJJGZX17-39）。本书便是本课题终期研究成果的主体部分，它是全园师幼集体智慧的结晶。本课题在研究过程中，非常荣幸地得到了泉州幼儿师范高等专科学校吴振东教授的理论指导以及每两周一次亲临实践现场的悉心指导，同时也得到了各级领导、同行专家的支持与帮助，在此一并表示衷心的感谢。我们将带着这份感恩之心继续做好本课题的后续研究工作。

本书稿的初稿于今年暑假完成，不承想8月底恰逢永春县教育系统的人事调整，我和课题组核心成员之一的官绮凡老师一起调到了永春县实验幼儿园工作，但我们整个团队仍在吴振东教授的指导下，继续用心做好书稿的后期工作。我们相信，随着课题研究的不断推进、研究成果的不断展现、研究成效的不断突显，这些研究成果必将成为永春县世哲幼儿园办园特色道路上的亮丽风景线。

潘晓云

2018年11月

图书在版编目（CIP）数据

民间游戏走进幼儿园课程的实践探索/郑智梅，潘晓云主编．--福州：福建人民出版社，2019.11（2023.6 重印）
（“金教鞭”丛书）
ISBN 978-7-211-08196-7

Ⅰ.①民…　Ⅱ.①郑…　②潘…　Ⅲ.①游戏课－教学研究－学前教育　Ⅳ.①G613.7

中国版本图书馆 CIP 数据核字（2019）第 232930 号

民间游戏走进幼儿园课程的实践探索
MINJIAN YOUXI ZOUJIN YOU'ERYUAN KECHENG DE SHIJIAN TANSUO

主　　编： 郑智梅　潘晓云
责任编辑： 吴梅香
出版发行： 福建人民出版社　　**电　　话：** 0591-87533169（发行部）
网　　址： http://www.fjpph.com　　**电子邮箱：** fjpph7211@126.com
地　　址： 福州市东水路 76 号　　**邮政编码：** 350001
经　　销： 福建新华发行（集团）有限责任公司
印　　刷： 福建新华联合印务集团有限公司
地　　址： 福州市晋安区福兴大道 42 号
电　　话： 0591-88208420
开　　本： 700 毫米×1000 毫米　1/16
印　　张： 10
字　　数： 158 千字
版　　次： 2019 年 11 月第 1 版
印　　次： 2023 年 6 月第 3 次印刷
书　　号： ISBN 978-7-211-08196-7
定　　价： 36.00 元